新能源汽车职业教育产教融合创新教材

新能源汽车整车控制系统诊断

赵振宁 编著

二维码总码

机械工业出版社
CHINA MACHINE PRESS

本书针对纯电动汽车和混合动力汽车，讲解整车控制原理与故障诊断，内容包括：车辆控制单元功能综述，纯电动汽车整车控制系统、互锁类型与故障排除方法，DC/DC变换器的控制原理和故障检修方法，热泵式电动汽车空调原理与故障诊断方法，减速器的控制与故障诊断，新能源汽车总线控制原理和传输的主要信号，纯电动汽车制动控制及故障诊断，混合动力汽车动力管理系统的控制功能，高压配电箱的故障诊断与检修，电机系统控制及故障诊断，电池管理控制及故障诊断，米勒发动机控制及故障诊断，混合动力汽车DC/DC变换器控制与故障诊断，线控换档控制及故障诊断。本书配有微课二维码及课件。

本书可作为高职高专学校、技师学院、职教本科院校新能源汽车技术、汽车检测与维修、汽车电子技术、汽车试验技术等专业教材，也可供从事本专业工作的工程技术人员和维修技术人员学习参考。

图书在版编目（CIP）数据

新能源汽车整车控制系统诊断 / 赵振宁编著 . — 北京：机械工业出版社，2021.12（2025.1重印）
新能源汽车职业教育产教融合创新教材
ISBN 978-7-111-70052-4

Ⅰ.①新… Ⅱ.①赵… Ⅲ.①新能源 – 汽车 – 控制系统 – 故障诊断 – 职业教育 – 教材 Ⅳ.①U469.7

中国版本图书馆CIP数据核字（2022）第013489号

机械工业出版社（北京市百万庄大街22号　邮政编码100037）
策划编辑：齐福江　　　　　责任编辑：齐福江
责任校对：张　征　张　薇　　封面设计：张　静
责任印制：常天培
固安县铭成印刷有限公司印刷

2025年1月第1版第6次印刷
184mm×260mm·12.5印张·317千字
标准书号：ISBN 978-7-111-70052-4
定价：55.00元

电话服务	网络服务
客服电话：010-88361066	机 工 官 网：www.cmpbook.com
010-88379833	机 工 官 博：weibo.com/cmp1952
010-68326294	金 书 网：www.golden-book.com
封底无防伪标均为盗版	机工教育服务网：www.cmpedu.com

前言

新能源汽车包括混合动力汽车、纯电动汽车和燃料电池汽车。本书主要介绍纯电动汽车和混合动力汽车的整车控制。

"新能源汽车整车控制"是指混合动力汽车、纯电动汽车和燃料电池汽车区别于传统燃油汽车的控制方式,本书就是要找出新能源汽车与传统燃油汽车控制上的区别之处进行讲解。

本书内容分为纯电动汽车的整车控制和混合动力汽车的整车控制两部分,共分14个项目。项目一为纯电动汽车组成、使用与主要的保养项目;项目二为纯电动汽车车辆控制的功能和电路原理,讲解了互锁类型和排除方法;项目三为DC/DC变换器,讲解了升压和降压DC/DC变换器的控制原理和检修方法;项目四为电动汽车空调,讲解了热泵式电动汽车空调原理与诊断方法;项目五为减速器的控制与诊断;项目六为新能源汽车总线控制原理和传输的主要信号;项目七为纯电动汽车制动控制及故障诊断;项目八为混合动力汽车动力管理系统的控制功能;项目九为高压配电箱故障诊断与检修;项目十为电机系统控制及故障诊断;项目十一为电池管理控制及故障诊断;项目十二为米勒发动机控制及故障诊断;项目十三为混动汽车DC/DC变换器控制与故障诊断;项目十四为线控换档控制及故障诊断。

本书的编写理念是紧跟新能源汽车的控制发展,并注重原理与实践相结合,与故障相结合,与维修方法相结合,做到学一类内容,能解决一类故障。

本书由长春汽车工业高等专科学校教师赵振宁编著。本书配有微课视频二维码及课件等教学资源,方便学生和教师自学。由于作者水平有限,书中难免有瑕疵,希望读者批评指正。

本书可作为高职高专学校、技师学院、职教本科院校新能源汽车技术、汽车检测与维修、汽车电子技术、汽车试验技术等专业教材,也可供从事本专业工作的工程技术人员和维修技术人员学习参考。

本书由"百慕大汽车"(www.bmdcar.com)提供作者的全套讲解视频和后台制作资源。未经作者同意,严禁复制和摘抄本书任何内容。

编著者

"天工讲堂"小程序二维码清单

微课名称	小程序二维码	页码	微课名称	小程序二维码	页码
纯电动轿车电力驱动系统组成		002	电动汽车 DC/DC 转换控制		031
纯电动客车电力驱动系统组成		003	电动汽车热泵式空调控制		042
指示灯、故障灯和警告灯		004	传感器集成级		063
电动汽车驱动转矩控制		010	电动汽车网络		078
电动汽车制动转矩控制		012	油电混合动力汽车动力管理控制		101
电动汽车互锁控制		021	镍氢电池管理控制		129

目 录

前言

"天工讲堂"小程序二维码清单

项目一
车辆控制单元功能综述 / 001

任务一　了解典型电动汽车的组成 / 001
任务二　了解电动汽车的使用与保养 / 003
任务三　了解车辆控制单元 / 007
任务四　了解电动汽车转矩控制 / 010

项目二
纯电动汽车整车控制系统 / 015

任务一　了解整车控制信号输入 / 015
任务二　了解纯电动汽车冷却控制 / 018
任务三　了解高压互锁控制 / 019

项目三
DC/DC 变换器 / 023

任务一　了解 DC/DC 变换器 / 023
任务二　了解电动汽车用电负荷 / 024
任务三　了解 DC/DC 变换器工作原理 / 026
任务四　了解典型 DC/DC 变换器工作过程 / 030
任务五　了解典型 DC/DC 变换器 / 033
任务六　DC/DC 充电熔丝断开故障诊断 / 035
任务七　DC/DC 损坏故障诊断 / 036

项目四
电动汽车空调 / 039

任务一　了解空调制冷 / 制热方式 / 039
任务二　了解电动制冷过程 / 044
任务三　纯电动汽车空调不制冷故障诊断 / 048
任务四　空调无暖风故障诊断 / 050

项目五
减速器驻车档电路 / 053

任务一　了解纯电动汽车传动系统 / 053
任务二　典型减速器原理与诊断 / 056

项目六
新能源汽车总线控制 / 060

任务一　了解汽车通信技术 / 060
任务二　了解 LIN 总线 / 066
任务三　了解 CAN 总线 / 074
任务四　了解驾驶人的申请控制 / 088
任务五　了解起动和防盗控制 / 089
任务六　了解电池管理控制 / 091
任务七　了解充电过程控制 / 092

项目七
纯电动汽车制动控制及故障诊断 / 095

任务一　了解电动真空泵控制 / 095
任务二　真空度控制系统故障诊断 / 097

项目八
混合动力汽车动力管理系统控制 / 100

任务一　了解混合动力汽车动力管理控制功能 / 100
任务二　了解检查注意事项 / 104
任务三　了解混合动力汽车主要部件 / 107
任务四　了解基本操作和故障症状 / 110

项目九
高压配电箱故障诊断与检修 / 115

项目十
电机系统控制及故障诊断 / 120

任务一　了解逆变器和驱动电机 / 120
任务二　电机传感器故障诊断 / 123
任务三　电机/逆变器冷却系统故障诊断 / 126

项目十一
电池管理控制及故障诊断 / 127

任务一　了解主要零部件 / 127
任务二　电池管理系统检修 / 132

项目十二
米勒发动机控制及故障诊断 / 140

任务一　了解操作前注意事项 / 140
任务二　了解系统原理图和症状表 / 142
任务三　米勒发动机系统诊断 / 149
任务四　米勒发动机故障诊断 / 177
任务五　米勒发动机系统示波诊断 / 181

项目十三
DC/DC 变换器控制与故障诊断 / 185

任务一　增压 DC/DC 变换器故障诊断与检修 / 185
任务二　降压 DC/DC 变换器故障诊断与检修 / 186

项目十四
线控换档控制及故障诊断 / 189

任务一　了解选档和换档控制 / 189
任务二　了解驻车制动控制 / 192

参考文献 / 194

项目一
车辆控制单元功能综述

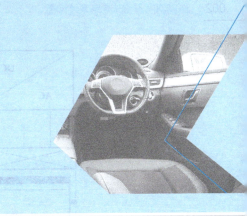

➡ 情境引入

在一次外出救援工作中,小林遇到停在楼底下的一辆纯电动汽车出现无法行驶的故障,初次见到电动汽车的小林感到一片迷茫。你知道要解决这个问题,需要用到哪些知识吗?

➡ 学习目标

1. 说出纯电动轿车主要动力系统组成。
2. 说出纯电动客车主要动力系统组成。
3. 说出纯电动汽车仪表新增的指示灯、警告灯和故障灯功能。
4. 说出电动汽车相比燃油汽车新增保养项目有哪些。

任务一　了解典型电动汽车的组成

目前,商品化的电动汽车多为单电机结构。多电机结构由于成本高、技术控制难度大,未来商品化可能性较小,本书仅介绍单电机结构的电动汽车。当掌握了单电机结构后,多电机结构的电动汽车就不难理解了。

一　单电机轿车

图 1-1 所示为纯电动前驱轿车电力驱动系统组成。单电机轿车驱动采用由锂离子电池、变频器、电机三部分组成的动力系统,由两级减速器和差速器组成的传动系统,两个系统组成了电动汽车的电力驱动系统。

电力驱动系统工作原理如下:锂离子电池的电能经正、负两条供电电缆加到变频器上,变频器将直流电转换为三相交流电给电机,电机转动后,转速经减速箱里的两级主减速器降速增矩后到达差速器,经差速器两侧半轴到车轮。

电子变速杆位于 D 位时电机正转,位于 R 位时电机反转,位于 N 位时电机停转,位于 P 位(或按下 P 位开关)时驻车电机经减速机构制动驻车棘轮,阻止驱动轮转动。

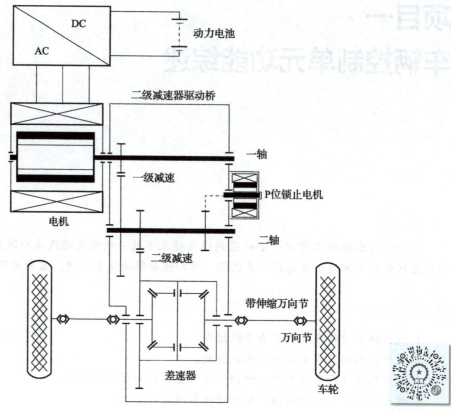

图 1-1　纯电动轿车电力驱动系统组成（前驱车型）

纯电动轿车电力
驱动系统组成

二　单电机客车

图 1-2 所示为纯电动客车电力驱动系统组成。客车采用后驱动形式，与前驱动（图 1-1）相比，主要是采用了两档或三档变速器以提高电机的效率。通过在客车上增加变速器，可降低动力电池的电压、变频器的容量和电机的功率，从而在一定程度上降低电动汽车成本，也降低了传动系统的噪声。

其电力驱动系统工作原理如下：锂离子电池的电能经正、负两条供电电缆加到变频器上，变频器将直流电转换为三相交流电给电机，电机转动后，转速经变速箱里的两档变速器降速增矩后到达传动轴，经传动轴到主减速器再到差速器，经差速器两侧半轴到车轮。

电子变速杆位于 D 位时电机正转，位于 R 位时电机反转，位于 N 位时电机停转，位于 P 位（或按下 P 位开关）时同传统汽车相同。例如在液压制动的汽车上，采用中间传动轴制动方式。在气压制动的汽车上，通过解除（放掉）制动鼓中气压实施弹簧制动，实现后轮驻车（通常也是驱动轮）。

国内一些低档客车也有采用取消变速器的形式，这种车型通常是试制中的产品。取消变速器不仅增加了客户购车时电池、变频器和电机的成本，也增加了未来的使用成本。

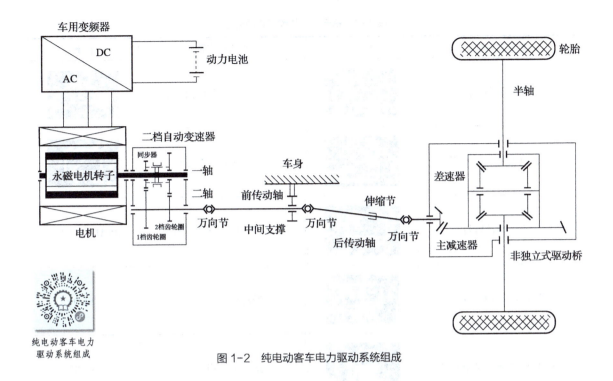

图 1-2 纯电动客车电力驱动系统组成

任务二 了解电动汽车的使用与保养

一 电动汽车仪表的使用

纯电动汽车在使用过程中与传统燃油汽车相同，也要注意观察仪表和三灯，即电机转速和车速两块仪表，指示灯、警告灯、故障灯三灯。

①指示灯：通常是对驾驶人操作的一种反馈，例如转向指示灯、远光指示灯、近光指示灯等。

②警告灯：通常是车辆本身可能存在严重故障，例如机油压力过低警告灯、蓄电池放电警告灯、制动警告灯等。

③故障灯：电控系统的自诊断系统诊断出故障，并存储了相关的故障码时，故障灯点亮，例如发动机故障灯、变速器故障灯、ABS 故障灯等。

电控系统在打开点火开关后会自检故障灯是否有故障，而指示灯和警告灯则没有自检过程。

1. 动力电池荷电状态

动力电池荷电状态指动力电池的剩余电量（SOC），多用指针式显示，也可采用数字模拟指示条、数字式显示器。当 SOC 低于某一规定值，可在仪表板上清晰地显示出来。如果使用换电系统，最好能自动复位，如不能自动复位，则应能人工复位。

2. 指示灯、故障灯和警告灯

电动汽车的指示灯、故障灯和警告灯见表 1-1。

表1-1 指示灯、故障灯和警告灯

仪表灯名称	图案	仪表灯名称	图案
电机及变频器故障灯		整车控制器系统故障灯	
动力电池过热警告灯		动力电池断开指示灯	
动力电池故障灯		高压上电就绪指示灯	READY（OK）
绝缘等级低警告灯		经济模式指示灯	ECO
动力电池电量不足指示灯		运动模式指示灯	SPORT

各仪表灯含义如下：

（1）电机及变频器故障灯

电机及变频器故障灯点亮表示汽车电机及变频器有故障或过热。其故障指示目前多由电机变频器向整车控制器发送，再由整车控制器触发仪表。未来的发展方向是诊断仪可与变频器系统直接通信，不经整车控制器。若过热，需要靠边停车，自然冷却。如果故障灯熄灭可继续行驶，如故障灯不熄灭或者频繁亮起，就需要去维修店检查。

指示灯、故障灯和警告灯

（2）动力电池过热警告灯

动力电池过热警告灯点亮表示动力电池过热，此时最好不要继续行驶，应该靠边停车，等待动力电池冷却，警告灯熄灭后再行驶。正常情况下此灯不会点亮。

（3）动力电池故障灯

动力电池故障灯点亮表示动力电池可能存在故障，应慢速行驶及时维修，如果能够感觉到明显的故障，最好不要行车，及时申请救援。原因为电池管理系统（BMS）内部存有故障码，比如电池间电压不一致、内阻不一致或温度不一致等。其故障指示目前多由电池管理系统向整车控制器发送，再由整车控制器触发仪表。未来的发展方向是诊断仪可与电池管理系统直接通信，不经整车控制器。

（4）绝缘等级低警告灯

绝缘等级低警告灯点亮表示动力电池绝缘性能降低，多为长时间淋雨造成，静置放几天等车辆干燥了故障即自行消失，如不能，应及时维修。可能原因是正极或负极母线有裸露与车身相连，或通过其他异物相连，应及时排除这类故障。

（5）动力电池电量不足指示灯

当动力电池电量低于 30% 时，动力电池电量不足指示灯亮起，表示动力电池电量不足，可能不能满足驾驶里程的需求。这个时候，就需要及时充电，当动力电池电量高于 35% 时，指示灯就会熄灭，相当于传统汽车的燃油存量不足指示灯。

（6）整车控制器系统故障灯

整车控制器系统故障灯点亮表示整车控制器内部有故障码。这个故障灯出现频率较高，大多数时候会与其他故障灯一同亮起，可能是动力系统故障。如果是这个故障灯单独亮起，则代表系统总线通信出现故障，需及时维修。

（7）动力电池断开警告灯

动力电池断开警告灯点亮表示动力电池不能提供动力，动力电池已切断，需及时维修。

（8）高压上电就绪指示灯

绿色的高压上电就绪指示灯（READY）亮，表示车辆上电就绪，部分车辆采用 OK 灯表示。此指示灯含义为动力电池箱内的高压电经过高压配电箱的上电继电器加到变频器上，电机处于可驱动状态。

（9）经济模式指示灯

经济模式指示灯点亮时，同样加速踏板位置或变化速率下，电机动力性变弱，但耗电量明显减小。

（10）运动模式指示灯

运动模式指示灯点亮时，同样加速踏板位置或变化速率下，电机动力性更强，但耗电量明显增加。

某些电动汽车的仪表可能还有下列功能：

（1）动力电池电压表

部分电动汽车设计了动力电池电压表，采用数字显示。驾驶人踩下加速踏板时，数字显示电压变动量。

▶ 建议：在仪表的标度盘上应标示出恰当的工作电压范围。为增加指示值的准确性，在工作范围内宜使用扩展标度。

（2）动力电池电流表

动力电池电流表多采用指针表或条状指示表，用来测量流过动力电池的电流。在仪表的标度盘上规定了准确的 0 位置，对于具有再生制动功能的车辆，在标度盘 0 位置的两个方向上都标示出了正常工作电流的范围。

▶ 建议：部分国产电动汽车会采用数字显示，这种设计不太合理，容易引起驾驶人的过多关注，造成驾驶人注意力不集中。

（3）电机转速表

实际行驶中电机转速变化较快，一般不设计电机转速表表盘，若有，多采用指针表或条状指示表，当转速超过某一规定值时，应特别明显地标示出来。

▶ 建议：不建议设计电机转速表，以免引起驾驶人的过多关注。

仪表的中央信息显示屏的故障信息提醒一般为：

（1）电机超速提醒信息

当电机超速时，用声信号连同光信号向驾驶人发出警告。

（2）动力电池剩余容量下限提醒信息

当动力电池剩余容量低于某个百分数（例如25%）时，通过信号装置提醒驾驶人。

（3）高压绝缘性能下降提醒信息

当绝缘电阻和爬电距离低于规定值时通过信号装置提醒驾驶人。

绝缘电阻包括动力电池绝缘电阻、动力系统和车辆底盘之间绝缘电阻、动力系统和辅助电路之间绝缘电阻，爬电距离包括动力电池连接端子间的爬电距离、带电部件与电底盘之间的爬电距离。

（4）驾驶人不安全停车提醒信息

当驾驶人离开车辆，如果驱动系统仍处于"可行驶"状态，通过信号装置提醒驾驶人。

二 电动汽车保养

按厂家的使用手册提供的冷却液更换周期来更换冷却液，图1-3所示为断开散热器下水管放出冷却液。储液罐冷却液加注位置如图1-4所示，液面应位于最低液位（MIN）和最高液位（MAX）之间。有的电动汽车有两个储液罐，一个位于电机、变频器、DC/DC变换器、车载充电机等共用的冷却液循环系统中，另一个位于锂离子电池的冷却液循环系统中。

图1-3 放出的冷却液

图1-4 储液罐冷却液加注位置

两级减速器的齿轮油也要按厂家提供的使用手册规定的更换周期更换，减速器装有放油螺栓（图1-5）和加油螺栓（图1-6）。

图1-5 两级减速器的放油螺栓

图1-6 两级减速器的加油螺栓

任务三 了解车辆控制单元

汽车的行为是人和微控制计算机共同控制的结果。在汽车上，人（驾驶人）将加速踏板位置信号、制动踏板位置信号、变速杆位置信号输入到一个控制器，这个控制器是汽车中众多微控制计算机中权限最高、管理范围最宽的计算机。因为汽车的行驶是人的输入，微计算机执行的结果，没有人对控制装置的输入，微控制计算机就无法实现自己主动输出（无人驾驶汽车除外）。

一 概述

车辆控制单元（Vehicle Control Unit，VCU）又称为整车控制单元。根据车辆控制单元最主要的功能，其更准确的名称应为车辆动力管理控制器或电力驱动系统总控制单元。

在纯电动汽车上车辆控制单元被称为整车控制器（VCU），如图1-7所示。在混合动力汽车上被称为动力管理控制单元、混合动力控制单元或控制器（HV-ECU）。

图1-7 吉利EV300纯电动汽车车辆控制单元

那为什么不直接采用车辆动力管理控制器或电力驱动系统控制单元这个名称呢？这是由于车辆控制单元（VCU）的名称是早期的电动汽车开发者命名的，当时的电动汽车还没有其他电控系统，所以一直沿用至今天。现在要开发一辆纯电动汽车，要包括电池和电池管理系统、电机和电机控制系统、整车控制系统（包括汽车电气、汽车底盘等）。

二 车辆控制单元功能

1. 动力管理功能

驾驶人踩下加速踏板，加速踏板位置传感器将驾驶人的转矩需求输入给车辆控制单元，车辆控制单元根据动力电池状态生成一个电机转矩控制目标数值，并把这个控制目标数值发给电机控制器（Motor Control Unit，MCU）。

电机控制器位于电机变频器内部，电机控制器控制变频器内部的逆变器，使电机转矩与控制目标数值相等。

2. 冷却控制功能

电动汽车的高压部件有动力电池、高压配电箱、变频器、电机、车载充电机、DC/DC 变换器、空调 PTC 加热器等。

在这些高压部件中，变频器、电机、DC/DC 变换器、车载充电机四个部件需要采用冷却液进行冷却。

为什么要对电机进行冷却呢？这是因为汽车电机工作在非额定工况，定子线圈生热相对较多，温度过高会导致定子线圈的绝缘性能下降，损坏电机。

为什么要对变频器、DC/DC 变换器和车载充电机进行冷却呢？这是因为这三个高压部件在进行电力电子变换过程中会产生大量的热量，热量积累会导致高压电子器件温度上升造成损坏。

冷却控制包括对电动水泵继电器（图1-8）和散热器风扇继电器（图1-9）进行控制。

图 1-8 吉利 EV300 纯电动汽车电动水泵继电器位置　　图 1-9 吉利 EV300 纯电动汽车散热器风扇继电器位置

3. 电动真空泵控制功能

纯电动汽车的制动系统仍采用真空助力器对双腔串联制动主缸进行助力，真空助力器的真空源来自于车辆控制单元（VCU）对真空泵继电器的控制，有的电动汽车的电动真空泵受 ABS 控制单元控制（图 1-10），继电器位置如图 1-11 所示。

 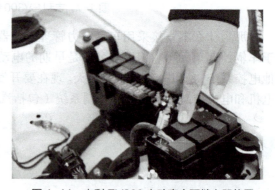

图 1-10 吉利 EV300 电动真空泵位置　　图 1-11 吉利 EV300 电动真空泵继电器位置

4. 网关控制功能

在纯电动汽车上，一般采用车辆控制单元（VCU）实现低速网段控制单元（B-CAN，车身电气总成）和高速网段控制单元（P-CAN，驱动总成）的通信。

其工作原理如图1-12所示。为了说明网关的功能，假定高速网（P-CAN）为低速网

（B-CAN）速度的5倍，P-CAN的电子换档控制单元（也称线控变速杆单元）将代表变速杆位置的数字数据（例如D位）以总线脉冲形式0（3.5V和1.5V的2V脉冲差）、1（2.5V和2.5V的0V脉冲差）向右发过来，车辆控制单元（VCU）将总线脉冲差进行解析后变换为数字信号，将3.5V和1.5V的2V脉冲差转换为0，将2.5V和2.5V的0V脉冲差转换1，数字信号0、1代表的内容仍为变速杆位置的数字数据。这个数字数据0、1被车辆控制单元（VCU）通过右侧B-CAN变为总线脉冲，仪表控制单元将总线脉冲电压差进行解析后变为数字数据0、1。仪表查得这个数字数据为字母D，仪表驱动显示器显示D位。

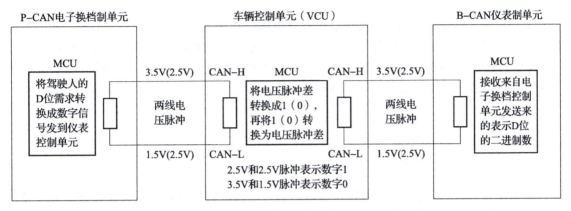

图1-12　高速网（P-CAN）与低速网（B-CAN）工作原理

5. 自诊断功能

在纯电动汽车上，诊断仪连接在车辆控制单元（VCU）上，可实现对汽车所有电控单元的诊断。

其工作原理如图1-13所示。右侧汽车诊断仪向车辆控制单元（VCU）申请要读取电池管理系统的故障码，车辆控制单元（VCU）接收到修理技师通过诊断仪以总线脉冲形式发过来的申请后，将总线脉冲差进行解析后变为数字信号0、1，数字信号0、1代表的内容为读取电池管理系统的故障码，这个数字信号0、1被车辆控制单元（VCU）向左变为总线脉冲，电池管理系统将总线脉冲差进行解析后变为数字信号0、1，查得这个内容为要将自身诊断出的故障以故障码的形式传出。

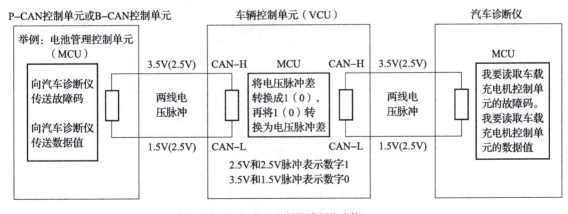

图1-13　VCU外接诊断仪功能

电池管理系统将自身数字化的故障码向右变换为总线脉冲，车辆控制单元（VCU）将总线脉冲差进行解析后变为数字信号0、1。车辆控制单元（VCU）将代表故障码的数字信号0、1向右转换成总线脉冲，诊断仪将总线脉冲差进行解析后变为数字信号0、1，并从诊断仪自身的数据库查得这个故障码具体的内容是什么，并将这个查得的具体内容以解析后的故障码形式显示在诊断仪的屏幕上。

任务四　了解电动汽车转矩控制

电动汽车在驱动和制动时的控制目标是控制转矩。在驱动时的转矩称为驱动转矩，即电磁力矩 $T=BIL$，由于电机结构固定，力臂 L 是恒定值，所以电机转矩可理解为电机控制电流 I 的大小。在制动时的转矩称为制动转矩，在制动时，总制动转矩等于制动能量回收控制转矩和 ABS 制动控制转矩两部分产生的制动转矩之和。

一　驱动控制转矩

1. 驱动控制转矩的产生

如图 1-14 所示，反映驾驶人转矩需求的加速踏板位置传感器采用冗余设计，主信号电压输出和副信号电压输出不同，但在车辆控制单元（VCU）内部经微控制器（MCU）处理后反映的是同一个加速踏板位置。在微控制器（MCU）内部查得在横轴加速踏板位置百分数时（例如 50%），对应纵轴电机转矩 300N·m。

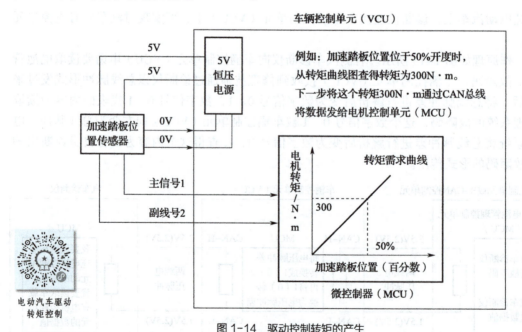

图 1-14　驱动控制转矩的产生

特别指出　图 1-14 是加速踏板位置传感器常用设计方法，早期有的电动汽车将加速踏板位置传感器电路直接接入到变频器内部的电机控制器（MCU）上。

2. 驱动控制转矩的发送

如图 1-15 所示，车辆控制单元（VCU）内部经微控制器（MCU）将查得的驾驶人转矩需求数据 300N·m 经总线传递给变频器内部的电机控制器（Motor Control Unit，MCU）。MCU 收到后决策如何完成这个任务。

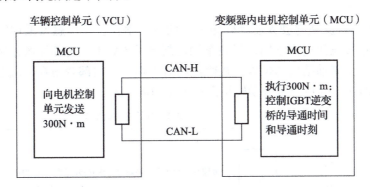

图 1-15　驱动控制转矩的发送

3. 驱动控制转矩的实现

如图 1-16 所示，电机控制器收到 300N·m 这个任务后，开始计算电机对应的电流是多少，而对应这个电流的 IGBT 导通时间和时刻是什么。电机控制器控制 IGBT 驱动电路，驱动逆变桥的六个 IGBT，实现汽车电机定子电流的控制。电机的相电流传感器将电流反馈给电机控制器（MCU），从而进行精确的 IGBT 导通时间修正，实现电机精确的电流反馈控制。

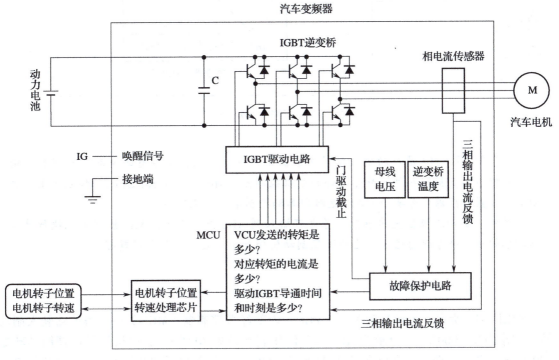

图 1-16　驱动控制转矩的实现

二 制动控制转矩

1. 制动控制转矩的产生

如图1-17所示,反映驾驶人制动转矩需求的制动踏板位置传感器采用冗余设计,主信号电压输出和副信号电压输出不同,但在车辆控制单元(VCU)内部经微控制器(MCU)处理后反映的是同一个制动踏板的位置。在微控制器(MCU)内部查得在横轴制动踏板位置百分数时(例如80%),对应纵轴制动转矩需求为1000N·m。

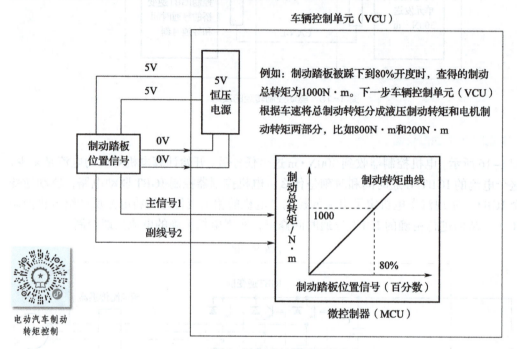

图1-17 制动控制转矩的产生

特别指出 图1-17是制动踏板位置传感器常用设计方法,早期有的电动汽车将制动踏板位置传感器直接接入到变频器内部的电机控制器(Motor Control Unit, MCU)上,制动踏板位置传感器信号要经CAN返回到车辆控制单元(VCU)。

另外,制动踏板位置传感器信号也可输入到ABS控制单元,ABS控制单元执行计算制动总转矩,并分配自己要产生的液压制动转矩和电机要产生的制动转矩。

2. 制动控制转矩的发送

如图1-18所示,车辆控制单元(VCU)内部经微控制器(MCU)将查得的驾驶人制动转矩需求数据1000N·m分解为ABS实现液压制动转矩800N·m,电机能量回馈制动转矩200N·m,并将这两个数据分别经总线传递给ABS/ESC控制单元和变频器内部的电机控制器(MCU)。然后,ABS/ESC控制单元和电机控制器(MCU)决策如何完成这个任务。

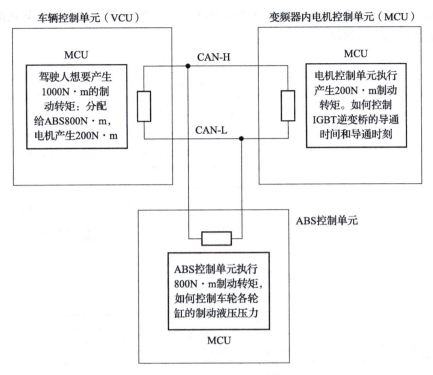

图 1-18 制动控制转矩的发送

3. 液压制动控制转矩的实现

如图 1-19 所示，ABS/ESC 系统查得要产生 800N·m 的转矩需要车轮（假如为左前轮）的制动压强为 8MPa，ABS 液压泵电机工作产生压力，并通过打开的进液阀进入车轮，实现压强增大。

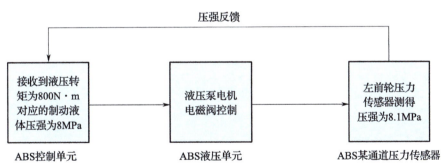

图 1-19 制动控制转矩的实现

左前车轮液压通道内的压力传感器监测液压压强，如果压强大于 8MPa，ABS/ESC 控制单元控制进液阀关闭，阻止高压液体进入车轮的液压通道内，并将出液阀打开回液，以降低液压通道内的压强。通过进液阀和出液阀的数字化控制实现车轮的压强趋于 8MPa。

4. 电机制动控制转矩的实现

如图 1-20 所示，电机控制器（MCU）收到 200N·m 这个任务后，开始计算电机对应的电流是多少，而对应这个电流的 IGBT 导通时间和时刻是什么。电机控制器（MCU）控制 IGBT 驱动电路，驱动电路驱动逆变桥下桥臂的三个 IGBT 实现汽车电机定子电流的控制。电机的相电流传感器将电流反馈给电机控制器（MCU），从而进行精确的 IGBT 导通时间修正，实现电机精确的电流反馈控制。

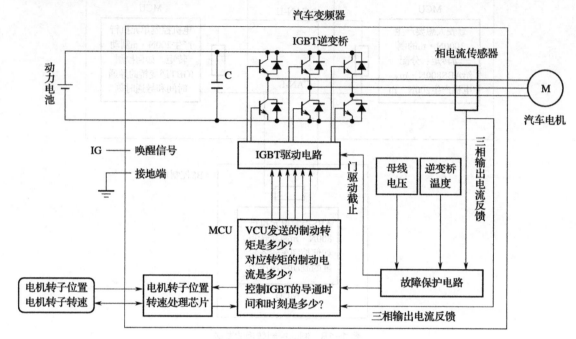

图 1-20 电机制动控制转矩实现

项目二
纯电动汽车整车控制系统

➡ 情境引入

在一次外出救援工作中,小林遇到一辆纯电动汽车无法READY上电行驶,诊断仪显示"高压互锁故障",小林感到一片迷茫。你知道要解决这个问题,需要用到哪些知识吗?

➡ 学习目标

1. 说出纯电动轿车整车控制系统(VCU)的输入信号有哪些?
2. 说出纯电动轿车整车控制系统(VCU)的输出信号有哪些?
3. 说出纯电动轿车的生热部件有哪些?
4. 说出高压互锁电路的作用是什么?如何进行诊断?

任务一　了解整车控制信号输入

一　加速踏板位置信号

作用：反映驾驶人的驾驶意图,踏板踩下越深,驾驶人的加速要求越强,对应汽车动力输出越强。

如图2-1所示,加速踏板位置传感器通常采用双冗余设计来实现自诊断,尽管是两个不同的电压信号输出到整车控制器(VCU)经数字化后仍代表同一加速踏板位置。加速踏板位置信号通常用百分数表示。

端口：VCC电源5V、GND接地、POS位置信号输出。

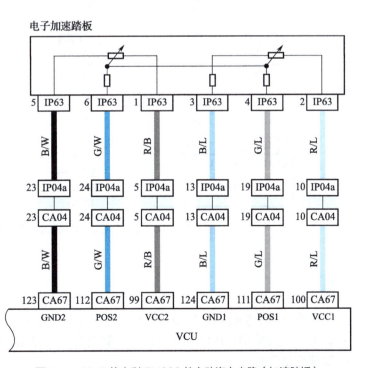

图2-1　2017款吉利EV300纯电动汽车电路(加速踏板)

二 制动开关信号

作用： 识别驾驶人的制动动作，用于启动READY档控制，停止电机动力输出，点亮制动灯，以及取消巡航。

如图2-2所示，制动开关信号采用双冗余设计。制动开关电源为12V：一个称为制动灯开关（制动开关1），为常开开关，信号用于制动灯控制；另一个称为制动踏板开关（制动开关2），为常闭开关，信号用于取消巡航控制。在驾驶人踩下制动踏板时，制动灯开关由常开变常闭，制动踏板开关由常闭变常开。设计目的是实现制动开关的自诊断。

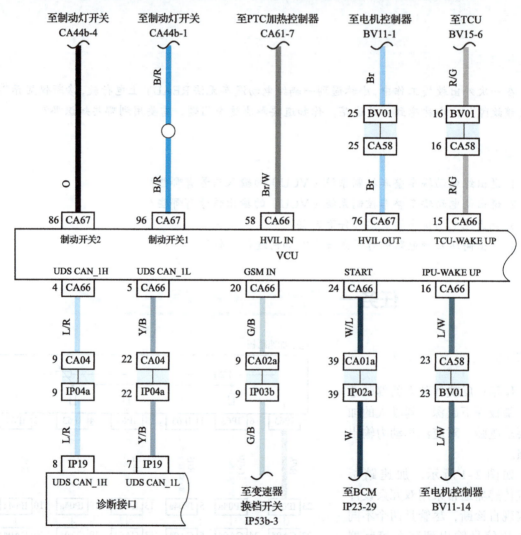

图2-2　2017款吉利EV300纯电动汽车电路（制动开关）

三 变速杆位置信号

作用： 识别驾驶人R、N、D、P档位的控制。R位为倒车档，控制电机反转输出；N位为空档，停止电机动力输出；D位为前进档，控制电机正转输出；P位为驻车档，停止电机输出，并控制锁止驱动轮。

如图 2-3 所示，变速杆位置信号为开关信号，多采用双冗余设计，有开关式、光电开关式、电阻编码式、霍尔式多种。信号输出方式有单线串行输出（如图 2-3 中的 GSM IN 信号）、双线串行输出（也称 CAN 型）、多线输出（也称并行输出）等。

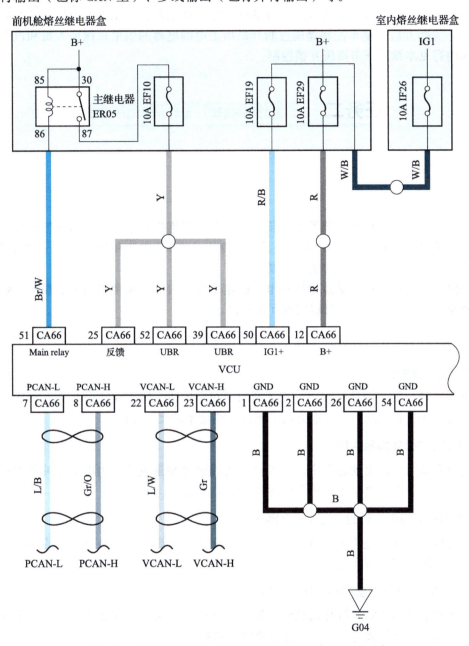

图 2-3　2017 款吉利 EV300 纯电动汽车电路（变速杆位置）

四　总线信号

作用：通常起网关的作用，诊断仪通过网关与车上其他控制单元通信。

PCAN 和 VCAN 分别是动力总线 CAN 网络与车辆电气 CAN 网络。

五 互锁信号

作用：在高压部件被开盖或高压部件的低压控制连接器、高压供电连接器断开时，当识别出互锁开关断开后，整车控制器通过断开高压上电继电器的供电来保证人员和汽车设备安全。具体内容见本章第三节高压互锁控制。

任务二　了解纯电动汽车冷却控制

一 热量的产生

1. 电动汽车的电机生热

电机生热主要是电机定子线圈的铜损生热和电机涡流损耗生热，这部分热功率大小与电机定子线圈流过的电流大小有关，也与电流的频率大小有关，电流和频率越大，产生热损越多，最大时可达到几千瓦，是全车的主要热源。

电动汽车电机的温度测量点设计在电机的定子线圈内部，通常采用一个或两个温度传感器进行测量，两个温度传感器可以实现冗余控制。

2. 电动汽车的电力电子元件生热

（1）变频器生热

在进行直流－交流变换过程中，变频器的三相全桥逆变器在变换中会产生热功率，热功率从几十瓦到接近百瓦之间，是电力电子元件生热功率最大的元件。

（2）DC/DC变换器生热

在进行直流－直流变换过程中，DC/DC变换器的H型逆变桥电力电子开关元件及变压器元件等会有热量产生，热功率从几十瓦到接近百瓦之间。

（3）车载充电机内部的电力电子变换元件

车载充电机内部的电力电子变换元件在进行交流－直流变换中会有一定的热功率产生，热功率从几十瓦到接近百瓦之间。

（4）PTC加热器内部的电力电子变换元件

PTC加热器并不是需要散热的热源，但电动汽车PTC加热器在加热时电力电子元件也会生热，产生的热功率最大为几十瓦，是需要散热的热源。

变频器、DC/DC变换器、车载充电机及PTC加热器的温度测量点通常设计在电力电子开关模块内部或直接测量散热器的散热板，通常采用多个温度传感器对不同位置进行测量，即可实现传感器冗余控制功能，也有局部损坏异常的监测功能。

> **专家指导**　电机是电动汽车的主要热源，但电机本身允许的工作温度比电力电子元件高，所以在进行温度控制时，以电力电子元件产品中测量的温度和允许的温度作为冷却控制的主要依据。

内置在电动压缩机内部的三相全桥逆变器也是热源之一，但可以通过流过电动压缩机的制冷剂冷却，所以不用额外制定冷却措施，即不用水泵和风扇参与工作。

二 软关断

软关断是指电动汽车冷却系统某温度监测点监测到急剧的温度上升，相应的控制器会关断相应的电力电子变换的驱动。

> **技师指导** 在实际工作中，由于冷却液不足、水泵不工作、风扇不工作、电力电子元件和散热板之间传热不良等导致软关断的情况较多，这种情况只需要进行散热能力处理即可解决。

三 电动水泵控制

在点火开关打到 READY 后，全车的高压元件处于电力电子变换的等待状态，这时虽没有大量的热量产生，但通常电动水泵开始工作，使冷却液在冷却水道中循环。

水泵电机的控制有开关控制和 PWM 脉冲控制两种。

四 电动冷却风扇转速等级

为实现汽车电机、变频器、DC/DC 变换器、车载充电机和 PTC 加热器等冷却而组成的冷却系统称为电动汽车冷却系统，这个冷却系统的执行器有电动冷却水泵和电动冷却风扇。

> **专家指导** 电动冷却风扇的转动由冷却系统和空调系统两个系统共同控制，电动冷却风扇电机转速等级按两者所确定输出的最高等级进行控制。电动冷却风扇转速等级有低速和高速两级式以及多级转速控制两种。

任务三 了解高压互锁控制

为保证电动汽车修理人员操作时的安全，也为避免非专业修理人员的错误操作造成电击，电动汽车在高压元件上设计有互锁开关。

一 互锁开关分类

1. 按插头种类分类

按互锁线路经过的插头种类进行分类，分为高压互锁开关（插头）和低压互锁开关（插头）。

> **专家指导** 互锁开关是专为高压元件设计的，一般称为高压互锁开关，但从修理角度来看，习惯分为低压互锁开关和高压互锁开关。

（1）高压互锁开关

高压互锁开关也称高压互锁插头。它主要分为两种：第一种是指高压元件外部高压电缆插头上的 U 形线，这段 U 形线在脱开高压电缆与高压元件壳体时，高压元件壳体上高压插座的互锁线路被断开。第二种是指高压元件外壳体为防止非专业人员在未下高压电的情况下进行强拆造成触电危险，在高压元件的内部增加的微动开关或 U 形线，当高压元件壳体盖子被拆下时，微动开关或 U 形线断开，高压互锁线路被断开。

（2）低压互联锁开关

低压互锁开关也称低压互锁插头，是指为实现高压元件外部高压电缆插头上的 U 形连接或高压元件的开盖防护而从高压元件外部壳体低压插头处接入的互锁线，低压互锁插头脱开后高压互锁线路被断开，高压互锁线路被断开。

2. 按经过部件分类

按高压互锁线路是否全部经过所有高压部件，分为一套互锁线路和多套互锁线路。

（1）一套互锁线路

一套互锁线路是指全车所有的高压元件，如 VCU、车载充电机、电池箱、变频器、电机、空调压缩机、PTC 加热器、DC/DC 变换器等高压元件全部串入这套互锁线路中。通常采用 VCU 作为互锁线路的监控单元。

（2）多套互锁线路

多套互锁线路是指全车所有的高压元件，如 VCU、车载充电机、电池箱、变频器、电机、空调压缩机、PTC 加热器、DC/DC 变换器等高压元件串入多套互锁线路中。通常采用 VCU、车载充电机、电池管理系统作为各套互锁线路的监控单元。

3. 按能否精确判定断开位置分类

按高压互锁线路是否能精确判定高压断开位置，分为只判定高压互锁电路有断开，不判定哪个元件断开和能精确判定元件断开位置。

（1）不能精确判定元件断开位置

目前，大多数高压互锁线路是这样的结构。

（2）能精确判定元件断开位置

通过电阻编码可实现元件位置断开的精确监测，甚至能在诊断仪中用图形显示元件的断开位置。

4. 按信号源形式分类

根据互锁检查线路的信号源形式可分为直流电压型和脉冲电压型。

如果互锁开关电路的信号源是一个稳定的直流电压源，则称为直流电压型；如果互锁开关电路的信号源是一个脉冲电压源，则称为脉冲电压型。

二 典型互锁开关电路

图 2-4 所示为典型电动汽车的互锁电路，其工作原理如下：车辆控制单元（VCU）内的

恒压源或脉冲源经上拉电阻流出电流，电流经低压插座进入变频器（功率电子单元）内部，经变频器内部一个开盖检测开关后再经低压插座流出进入车载充电机的低压插件，经高压插座内的U形线和开盖检测开关流出进入到电动空调压缩机的低压插件，经高压插座内的U形线流出，再经低压插件流出进入空调PTC加热控制单元的低压插件，经高压插座内的U形线流出，再经低压插件流出，流出的电流可直接接地，也可接回车辆控制单元（VCU）。

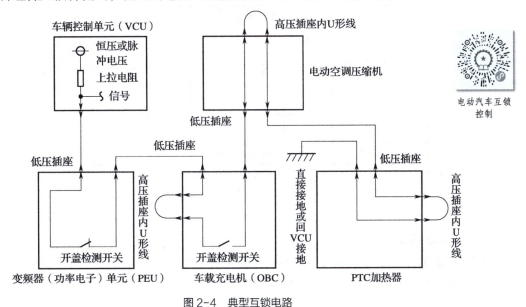

图2-4 典型互锁电路

> **专家指导** 有的电动汽车将充电机（OBC）的开盖互锁开关作为车载充电机的一个独立互锁电路，由车载充电机控制单元进行管理。对于电池和检修塞通常也采用一个独立的互锁系统，由电池管理系统进行管理。

三 互锁开关的诊断

1. 确定互锁开关是否上码

有些电动汽车在高压元件被开盖、断开高压线束和低压线束时，车辆控制单元（VCU）会生成故障码，并点亮车辆控制单元（VCU）故障灯（红色带有叹号的车辆形状灯）。

但是，也有一些车型在高压互锁电路断开时，并不点亮车辆控制单元（VCU）故障灯。

2. 互锁开关的测量

（1）优选电压法

断开高压元件的低压线束，用万用表电压档测量每个高压元件低压插座的输入线，如图2-5a~d点，这样测量的原因是断开高压元件的插头后，下游电路无电压，只需测量高压元件的流入电压。

测量分析： 例如，测量点b对地电压和车辆控制单元（VCU）的电源电压相等时，即可判定之前的互锁电路没有断开，可向后查找c点、d点。

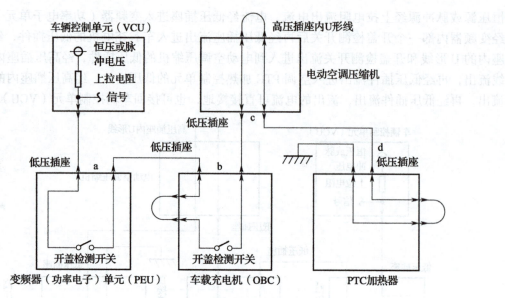

图 2-5 电压法测量互锁电路

（2）次选电阻法

测量时需要断开蓄电池负极，对互锁线路进行逐段测量，较麻烦，同时有些点受空间限制无法测量。优点：不用过多考虑，所测即所得。

> **专家指导** 上述是理论的检修方法，实际操作中仍要结合车型测量是否方便确定实际方案。

项目三
DC/DC 变换器

➡ 情境引入

在一次外出救援工作中,小林遇到一辆纯电动汽车因铅酸蓄电池无电而无法 READY 上电行驶,小林感到一片迷茫,你知道要解决这个问题,需要用到哪些知识吗?

➡ 学习目标

1. 能画出纯电动汽车 DC/DC 变换器的原理图。
2. 能说出吉利 EV300 纯电动汽车 DC/DC 变换器的位置。
3. 能根据 DC/DC 变换器的原理图诊断 DC/DC 变换器不输出充电电压故障。
4. 能排除吉利 EV300 纯电动汽车 DC/DC 变换器不输出充电电压故障。

任务一　了解 DC/DC 变换器

一 概述

DC/DC(Direct Current)是直流/直流变换器的缩写,是将直流电压变换为直流电压的电子装置。电动汽车中 DC/DC 功率变换器分为如下两类。

1. 降压变换器

降压 DC/DC 变换器的作用是将高压锂离子电池(或镍氢电池)的电压降压为 12V 或 24V 的电压等级,为 12V 或 24V 电系负载供电。

例如:直流/直流变换器(DC/DC)保证高压锂离子电池(或镍氢电池)电压在 280~400V 变化区间内输出稳定的 14V 或 28V 电压,分别为 12V 或 24V 电系负载(也包括 12V 或 24V 等级的铅酸蓄电池)供电(或充电)。

另外,当高压锂离子电池(或镍氢电池)完全放完电之后,汽车已经不能行驶时,DC/DC 仍能从高压锂离子电池(或镍氢电池)中吸取能量为电动汽车输出稳定的 14V 或 28V 电压。

有些电动汽车的降压 DC/DC 变换器有双向 DC/DC 变换功能。双向功能包括:可将高压锂离子电池(或镍氢电池)的电压降为车上铅酸蓄电池的充电电压;反过来,也可将铅酸蓄电池电压升为高压锂离子电池(或镍氢电池)的充电电压,为高压锂离子电池(或镍氢电池)充电。

2. 升压变换器

1）对动力电池电压进行升压：采用 DC/DC 变换器将动力电池高压升为更高的直流电压来驱动电机，可提高系统的工作效率。

2）对 12V 铅酸蓄电池进行升压：在动力电池容量不能驱动汽车时，为了让汽车能驶离，防止阻塞交通，可采用 DC/DC 变换器将 12V/24V 铅酸蓄电池电压升为高压锂离子电池（或镍氢蓄电池）的电压来驱动电机。

燃油车和电动汽车辅助子系统的主要区别：燃油车的辅助蓄电池由与发动机相连的交流发电机来充电，而电动汽车的辅助蓄电池则由主电源通过 DC/DC 变换器来充电。电动汽车或混合动力汽车中用来推动电机转动的能量来自于动力电池，动力电池为数块电池串联，电压较高，所以也叫高压电池。

二　DC/DC 变换器分类

1. 升压型和降压型

对于混合动力汽车，在高压电池数量少导致电压低时，为了提高电机效率，采用升压型。降压型主要用在高压电池和铅酸蓄电池之间。

2. 全桥型和半桥型

全桥型和半桥型，详见第三节。

3. 非绝缘型和绝缘型

非绝缘型是电路两侧通过电子元件相连通，绝缘型是电路两侧采用变压器隔离，采用磁能交换。绝缘型 DC/DC 变换器的换能部件是变压器。变压器由一次侧（输入侧、动力电池侧）和二次侧（输出侧、铅酸蓄电池侧）两种线圈构成。线圈匝数与电压成比例。利用变压器改变电压时，变压器需通过交流电压。动力电池是直流电压，DC/DC 变换器通过控制芯片控制功率半导体导通、截止，将动力电池的直流电压转换成交流电压。利用变压器转换交流电压，再利用功率半导体将交流电压转换成 14V 的直流电压。利用功率半导体转换交流和直流时，负载电容器的作用是抑制电压波形的噪声，平滑化输出电压。这两种 DC/DC 变换器的工作效率都很高，一般为 85%~95%，适于商用。非绝缘型结构简单、成本低，而绝缘型则能将主电源的高等级电压与辅助蓄电池的低等级电压隔离开来，更加安全可靠。

4. 单向 DC/DC 和双向 DC/DC

单向 DC/DC 只能向一个方向实现电压转换，双向 DC/DC 则能双向实现电压转换。单向 DC/DC 多用于将燃料电池的电压升为与其并联的蓄电池电压。双向 DC/DC 多用于将动力电池的电压升压为电机工作电压，或反之；也可以将动力电池的电压降为 12V 铅酸蓄电池的电压，或反之。

任务二　了解电动汽车用电负荷

电动汽车出现后，汽车由原来的发动机、底盘和电气三大系统，增加到发动机、底盘、电气和电力驱动四大系统，其中电力驱动系统包括驱动电机变频控制、电动压缩机变频控制、空调 PTC 加热控制、DC/DC 变换控制等。

在电动汽车中，发动机和底盘控制部分采用 12V 或 24V 电系供电，但用电负荷较小，而汽车电气系统的基本电气系统和附加电气系统用电负荷较大。

一 保留铅酸蓄电池的必要性

电动汽车以动力电池为电源，能够利用 DC/DC 变换器为铅酸蓄电池充电。汽车装备 DC/DC 变换器之后，可省去原车交流发电机，也能省去 12V/24V 铅酸蓄电池，但实际上还是保留了铅酸蓄电池，这样做有两大原因。

1. 能够降低整个车辆的成本

铅酸蓄电池能在短时间内向空调、刮水器及车灯等释放大电流。如果省去铅酸蓄电池，通过 DC/DC 将动力电池的电力用于空调及刮水器会导致 DC/DC 变换器的尺寸增大，从而使整体成本增加。另外，铅酸蓄电池价格便宜，因此目前将铅酸蓄电池置换成动力电池（锂离子电池等）还没有成本上的优势。

2. 确保电源的冗余度

铅酸蓄电池还有提高低压供电冗余度的作用。DC/DC 变换器出现故障停止供电时，如果没有铅酸蓄电池，低压电系统就会立即停止运行，夜间车灯不亮，雨天刮水器停止运行等，影响驾驶。如果有铅酸蓄电池，便能够将汽车就近开到家里或者修理厂。

二 12/24V 电气系统负荷

在电动汽车上，为了区别 12V 电系，通常将高于 60V 的直流电压称为高压（这与工业用电和特种产品对高、低压的电压界限是完全不同的）。汽油车通常电气采用 12V 供电，所以 DC/DC 要降压输出 14V 电压，对于 24V 电气系统的柴油车，要降压为 28V。

电动汽车电气系统的能量消耗比燃油车大得多。各种辅助子系统的功耗见表 3-1。从表中可以看出，空调器是电动汽车辅助子系统中功耗最大的子系统，它的功耗占所有辅助子系统功耗的 60%~75%。为了减少空调器的功耗，通常采用 120V 的电压等级供电。此外，为了避免辅助蓄电池的电能在短时间内耗尽，大功率的子系统，如空调器、动力转向系统、液压制动或气动制动和除霜器等，应当只有在接触器闭合时才能工作，这样可以直接从主电源中获取所需的动力。

表 3-1 汽车 12V 系统用电负荷

12V 用电负荷	工作状态	功耗 /W
混合动力汽车采用发动机冷却液取暖，辅以 12V 暖风 PTC 加热器	连续	250
变频器内部逆变桥自身功耗	连续	150
电池能量管理系统鼓风机电机	连续	150
前照灯和尾灯总成	连续	120
喇叭	断续	10
刮水器电机	连续	40
电动真空泵电机	断续	120

（续）

12V 用电负荷	工作状态	功耗 /W
空调鼓风机电机	连续	240
仪表指示灯及步进电机仪表	连续	30
停车灯、转向灯及车内灯	断续	50
电动转向助力系统助力电机	连续	400
收音机主机及扬声器	连续	20
四个车门的电动窗升降	断续	80
高压配电箱高压继电器线圈	连续	20
ABS 回流泵电机	断续	180
冷却风扇电机	连续	300
合计	—	2160

DC/DC 变换器优化容量是指电池的充电和放电过程能够相互平衡，而且辅助蓄电池一直保持满充状态。例如：如果选择更大的容量，则充电过程就比放电过程占优势，这会导致DC/DC 变换器尺寸过大或者出现辅助蓄电池过充的问题；如果选择小一点的容量，则电池的放电过程就比充电过程占优势，这会导致辅助蓄电池在紧急情况下使用时失去满充状态。

汽车电气系统用电负荷大约为1kW，所以DC/DC选型时至少为1kW。若动力转向不采用12V供电，则DC/DC的功率可以减小，但实际中为保险起见，通常DC/DC选型至少为1.5kW。

三 高压用电负荷

除了驱动汽车的电机以外，对于大功率的设备通常采用高压供电，见表3-2。

表3-2 汽车高压用电负荷

高压用电负荷元件	工作状态	功耗 /W
电动汽车采用电动空调时的压缩机电机	连续	3.0~5.0kW
电动客车采用气压制动时的电动空气压缩机电机	连续	1.5~2.0kW
纯电动汽车 PTC 暖风加热	连续	1.5~2.0kW
给 12V 蓄电池充电的 DC/DC 变换器的高压供电功率	连续	1.5~2.0kW

一般电动汽车只有一个直流/直流变换器，把高压直流电降压为 14V 或 28V。对于高档电动车，可以有两个 12V DC/DC 变换器。

任务三 了解 DC/DC 变换器工作原理

实现降压的 DC/DC 变换器的主电路结构有很多，其中 BUCK 型 DC/DC 变换器因其结构简单、变换效率高，是首选的 DC/DC 变换器电路拓扑结构之一。

DC/DC 变换器一般由控制芯片、电感线圈、二极管、晶体管和电容器构成。基本 BUCK 电路的原理如图 3-1 所示，U_{in} 为输入电压，U_o 是 BUCK 电路的输出电压，C_{in} 是输入电容，S 是主功率开关管，VD 是主功率二极管，L 是储能电感。

基本BUCK电路的储能（图3-2）工作过程：当开关管S（Switch）导通时，电流经负载、电感L流过电子开关S，电流增加，电能以磁能形式存储在电感线圈L中，同时给负载供电。在这个过程中电容C_{in}、负载、L、S构成回路。

基本BUCK电路的能量（图3-3）释放过程：当S由导通转为截止时，存储在电感中的能量释放出来，通过VD续流维持向负载供电，此时电感L、续流二极管VD和负载构成回路，

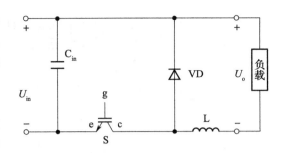

图3-1 基本BUCK型DC/DC电路拓扑

若周期性地控制开关管S的导通与关闭，即可实现能量由U_{in}向U_o的降压传递，电路的输出电压$U_o=\delta U_{in}$，δ为开关管S的导通占空比。为达到上述降压传递，开关管S与二极管VD必须轮流导通与关断，二者之间频繁地进行换流。

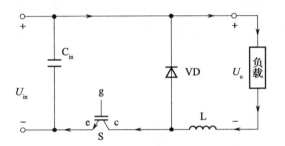

图3-2 基本BUCK型DC/DC的电感储能过程

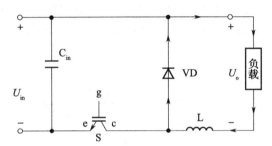

图3-3 基本BUCK型DC/DC二极管续流过程

在燃料电池汽车（FCEV）上，燃料电池只是由燃料产生电能，而不能储存电能，因此采用了单向DC/DC变换器。FCEV采用的电源有各自的特性，燃料电池只提供直流电，电压和电流随输出电流的变化而变化。燃料电池不能由外电源充电，电流的方向只能单向流动。FCEV采用的辅助电源（蓄电池和超级电容器）在充电和放电时也是以直流电的形式流动的，但电流的方向是可逆性的。

FCEV上各种电源的电压和电流受工况变化的影响呈不稳定状态。为了满足驱动电机对电压和电流的要求及对多电源电力系统的控制，在电源与驱动电机之间，用计算机控制实现对FCEV多电源的综合控制，保证FCEV的正常运行。FCEV的燃料电池需要装置单向DC/DC变换器，蓄电池和超级电容器需要装置双向DC/DC变换器。

一 全桥DC/DC变换器

燃料电池发动机输出的电压一般为240~450V，其输出电压随着燃料电池输出电流的增大而减小。另外，由于燃料电池不能充电，因此配置单向全桥DC/DC变换器，将燃料电池的波动电流转换为稳定、可控的直流电源。

全桥DC/DC变换器电路原理如图3-4所示。全桥DC/DC变换器输入端采用4个带有续流二极管的开关管VT_1、VT_2、VT_3、VT_4共同组成大功率的直流变交流的单相H型桥逆变器，中部为高频变压器T_r，输出端用4个整流二极管共同组成整流器。在变压器T_r一次电路中串联一个电容C_2，可以防止变压器的磁偏心。整流输出电路中加入由电感L_f和电容C_f组成的滤波器，将直流方波电压中的高频分量滤除，得到一个平直的直流电压。

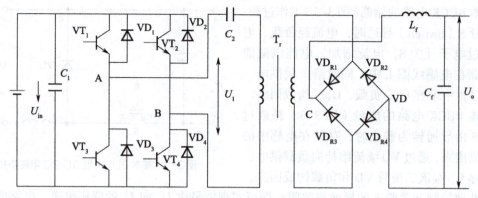

图 3-4　绝缘型全桥 DC/DC 变换器的电路原理

正半波逆变和整流：当导通开关 VT_1 先导通时（图 3-5），在延迟一定的 α 电位角后再导通开关 VT_4，而 VT_2 和 VT_3 被截止。VT_1 和 VT_4 轮流导通 180° 电位角。此时电流经电容 C_2 流入，从 T_r 的一次线圈上端向下流入，在 T_r 的二次线圈电流向上经 VD_{R1}、L_f，输出电压 U_o 经 VD_{R4} 回流到 T_r 的二次线圈。

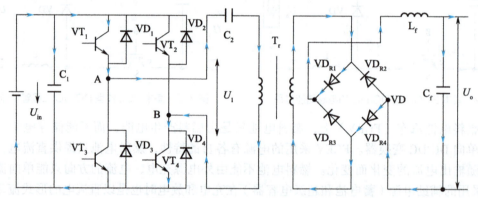

图 3-5　绝缘型全桥 DC/DC 变换器 VT_1 和 VT_4 导通控制

负半波逆变和整流：当导通开关 VT_2 先导通时（图 3-6），在延迟一定的 α 电位角后再导通开关 VT_3，而 VT_1 和 VT_4 被截止。VT_2 和 VT_3 轮流导通 180° 电位角。此时电流经 T_r 的一次线圈下端向下流入，经电容 C_2 流出，在 T_r 的二次线圈电流向上经 VD_{R3}、L_f，输出电压 U_o 经 VD_{R2} 回流到 T_r 的二次线圈。

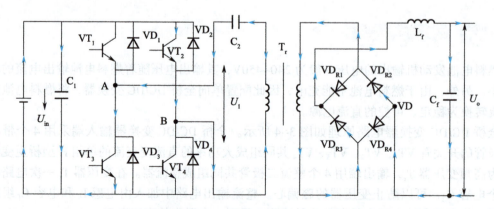

图 3-6　绝缘型全桥 DC/DC 变换器 VT_2 和 VT_3 导通控制

只要改变开关管的导通时间,就可以调节输出电压 U_o 的值。选择智能控制的大功率全桥 DC/DC 变换器,可以有良好的自我保护能力和使用寿命。

DC/DC 变换器的外特性如图 3-7 所示,单向 DC/DC 变换器的控制框图如图 3-8 所示。根据 FCEV 的动力性能设计要求,确定 DC/DC 变换器输出电压的给定值。当燃料电池电流逐渐增大时,电压基本保持平稳,通过对输出电压的闭环控制,实现 DC/DC 变换器的恒压输出(图 3-7 中的 AB 段)。当燃料电池电流继续增大、电压快速下降时,通过对输出功率控制,实现 DC/DC 变换器的恒功率输出(图 3-7 中的 BC 段)。由于燃料电池的电压达到下限值受到所反应的温度、压力和环境等的影响,图 3-7 的 BC 段的功率不能事先给定,而是用此时通过燃料电池的输出电压和电流来测定,并实时对 DC/DC 的输出功率进行调节,这是保证燃料电池不会发生过放电的关键措施。当 DC/DC 变换器达到最大输出电流时,电压迅速下降(图 3-7 中 CD 段),为恒电流段,其电流值决定 DC/DC 变换器的最大输出电流。

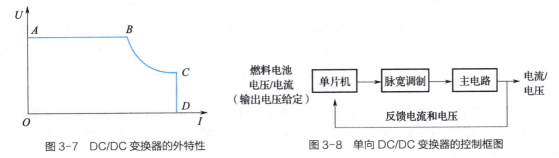

图 3-7 DC/DC 变换器的外特性　　　图 3-8 单向 DC/DC 变换器的控制框图

控制芯片控制功率半导体导通、截止。调制方式有脉冲频率调制(PFM)和脉冲宽度调制(PWM)两种方式。PFM 调制时开关脉冲宽度一定,通过改变脉冲输出的时间,使输出电压达到稳定。PWM 方式开关脉冲的频率一定,通过改变脉冲输出宽度,使输出电压达到稳定。通常情况下,采用 PFM 和 PWM 这两种调制方式的 DC/DC 变换器的性能不同点见表 3-3。

表 3-3　两种调制方式变换器的性能不同点

项目	PFM	PWM
电路规模(IC 内部)	简单	复杂
消耗电流	较少	较多
纹波电压	较大	较小
瞬态响应	较差(反应较慢)	较好(反应较快)

PWM 调制方式。在选用较低频率的情况下,小负载时效率较高,输出电压的纹波较大。在选用较高频率的情况下,小负载时效率很低,输出电压的纹波较小。因此,在小负载或待机时间较长的情况下,选用低的频率,转换电路的效率较高,但若考虑输出电压的纹波问题,选用较高频率,纹波电压会较小。DC/DC 变换器通过开关动作进行升压或降压,特别是晶体管或场效应晶体管处于快速开关状态时,会产生尖峰噪声以及电磁干扰。

二　双向 DC/DC 变换器

在以蓄电池和超级电容器组成的混合电源上,一般蓄电池以稳态充、放电的形式工作,而超级电容器在电动车辆起动时,能够以大电流的放电形式工作,在接受外电源或制动反馈的电能时又能以大电流的充电形式工作。蓄电池和超级电容器的电流为双向流动，因此，在蓄电池和超级电容器与电力总线之间装置双向升降压（Buck-Boost）型 DC/DC 变换器，双向控制和调配所输入和输出的电流。升降压双向 DC/DC 变换器电路如图 3-9 所示，其中：电池（U_{bus}）端与输出的变频器相连。

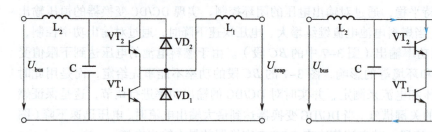

图 3-9　非绝缘型双向 DC/DC 变换器电路　　图 3-10　电池（U_{bus}）给电容（U_{scap}）充电电流流向

变频器（或车载充电机）给电池和电容的充电过程（图 3-10）：双向 DC/DC 变换器处于充电工况时，导通开关 VT_1 彻底切断，开关 VT_2 处于导通和断开的控制中，来自变频器的制动反馈电流或来自车载充电机的充电电流，经由动力总线先向蓄电池充电，再向超级电容器充电。在通过电感 L_1 时，部分电流暂时存留在电感 L_1 中，当导通开关 VT_2 断开后，电感 L_1 中存留的电流通过整流二极管 VD_2 转存在电容器 C 中。双向 DC/DC 变换器在对超级电容器充电时处于降压（Buck）状态。在超级电容器电路上装置电感 L_1 还可以减小进入超级电容器线路的电流脉冲。

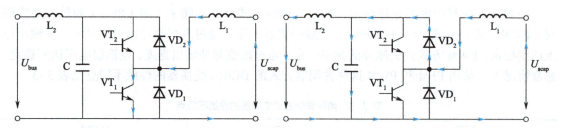

图 3-11　电容放电前先行给电感 L_1 储能电流流向　　图 3-12　VT_1 断开，电感 L_1 升压给电池（U_{bus}）充电

电池和电容给变频器供电过程：双向 DC/DC 变换器处于放电工况时，开关 VT_2 彻底切断，导通开关 VT_1 处于导通和断开的控制中。蓄电池电压高，先行向左放电。超级电容器放电要经过电感 L_1 先储能（图 3-11）后能量释放两个过程。储能过程：开关 VT_1 导通，L_1 有电流流过实现电感储能。电感的能量释放过程（图 3-12）：VT_1 断开瞬间，L_1 自感电动势提高电压后经 VD_2 二极管，经电感 L_2 给变频器供电。电流方向是由超级电容器向动力总线方向流动，DC/DC 变换器对外放电处于升压（Boost）状态。在总线电路上装置电感 L_2 可以减小进入总线的电流脉冲。

任务四　了解典型 DC/DC 变换器工作过程

一　DC/DC 变换器控制功能

如图 3-13 所示，DC/DC 变换器将电动汽车动力电池的电压降至 12V（实际是 14V），从而为电气零部件供电,并为 12V 蓄电池充电。

有些电动汽车为调节 DC/DC 变换器的输出电压,动力管理控制单元根据 12V 蓄电池温度传感器信号将输出电压请求信号传输至 DC/DC 变换器,DC/DC 变换器通过 CAN 或串行通信实现自诊断信息外传和控制信息下载。

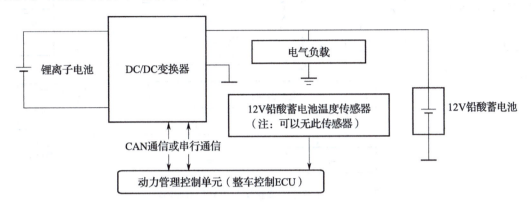

图 3-13　典型 DC/DC 变换器控制

二　降压型 12V 变换器

典型的降压变换器如图 3-14 所示。车辆的辅助设备,如车灯、音响系统、空调系统(除空调压缩机)和 ECU,它们由 DC12V 的供电系统供电。由于纯电动汽车动力电池电压标称等级一般为 300~650V,比较常见的有 330V、400V 和 650V,因此,需要降压变换器将这个电压降低到 DC14V 来为 12V 蓄电池充电。这个变换器安装于变频器的下部。

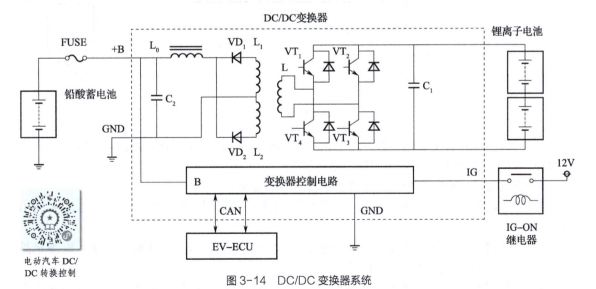

电动汽车 DC/DC 转换控制

图 3-14　DC/DC 变换器系统

其工作原理如下:

1)直流交流转换:DC/DC 变换器的控制电路控制晶体管 VT_1、VT_3 工作,此时通过 L 的电流由上到下(图 3-15)。然后再控制 VT_2、VT_4 工作,此时通过 L 的电流由下到上,从而将直流变换成交流(图 3-16)。

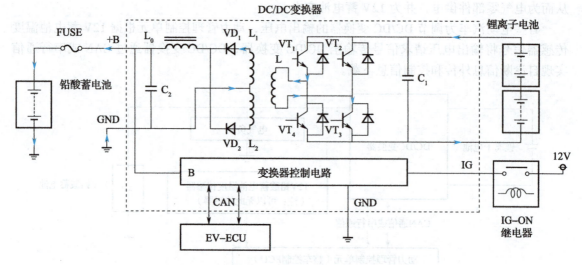

图 3-15　DC/DC 变换器 VT_1 和 VT_3 导通控制

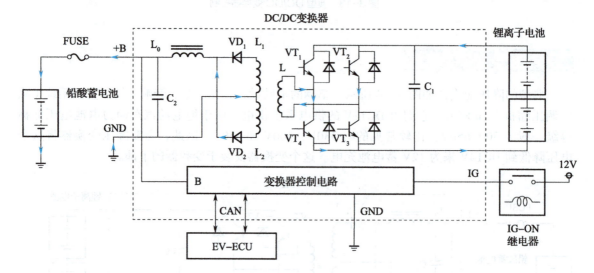

图 3-16　DC/DC 变换器 VT_2 和 VT_4 导通控制

2）降压过程：由于通过电感 L 的电流为交流电，在两个二次电感线圈 L_1 和 L_2 里感应出交流电，由于线圈匝数较少，所以输出电压较低。

3）整流过程：VD_1 和 VD_2 实现两个线圈的半波整流。

4）滤波过程：电感 L_0 和电容 C_2 用于滤波，实现电流平滑，给铅酸蓄电池充电，从 GND 构成回路。

5）控制过程：DC/DC 变换控制电路根据输出的电压反馈进行电压输出控制，以满足晶体管 VT_1、VT_3 和 VT_2、VT_4 的换流控制。

6）通信过程：DC/DC 变换控制电路通过 CAN 与 EV-ECU 通信，实现 DC/DC 自诊断的输出，同时针对用电负荷增加，可先于电压反馈进行控制。

任务五 了解典型 DC/DC 变换器

一 2017 款吉利 EV300 DC/DC 变换器

图 3-17 所示为 2017 款吉利 EV300 DC/DC 变换器实物，印制电路板是 DC/DC 变换器的控制器，即 DC/DC 变换器的 ECU。

图 3-17　2017 款吉利 EV300 电动汽车 DC/DC 变换器

印制电路板左侧两条线为直流供电，电路板上部的两条线是变压器一次线圈，电路板下的开关管通过这两条线来控制一次线圈的通断，在变压器的下部输出直流电流，直流电流大小和电压大小经电路板测量后，从右下侧的两个端子输出。

右上侧的两根黑色塑料管是冷却液管，不要弄坏这两根管的密封圈。

黑盒法诊断　黑盒法诊断是不管元件内部工作原理如何，只要知道其功能、输入和输出的关系，在确定输入正常、输出不正常时即判定盒子是坏的。所以对修理人员的要求就转变成能正确地测量出输入和输出状态。

采用拼修法　由于汽车的电子元件通常是专用的，若直接修理电路板对修理人员要求太高，且检查费用高、电子元件难买到、耗时多，换新价格往往太高。实践中车主可以接受更换旧的、维修过的。拼修是用两个变频器内的 DC/DC，其中一个正常的，将正常的替换到不正常上。如图 3-18 所示，2017 款吉利 DC/DC 变换器在变频器下壳体里，可直接将正常的 DC/DC 变换器下壳体更换到正常的变频器下部。

如图 3-19 所示，在拼修时注意 DC/DC 变换器从上部变频器取直流电时的正极、负极线，不要正负接反。

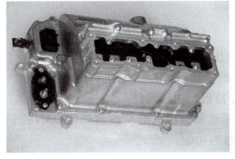

图 3-18　2017 款吉利 EV300 DC/DC 变换器实物

图 3-19　容易接反的 DC/DC 变换器供电

怀疑接反时，一定不要继续维修，否则 DC/DC 变换器在装车上电后会损坏。在未装车，不能确定是否装反时，可通过指针式万用表根据母线电容来判断两根线的正负极是否接反。

二 2017 款北汽 EV160 DC/DC 变换器

如图 3-20 所示，2017 款北汽 EV160 DC/DC 变换器集成在电子分配单元的箱子里，箱内集成有车载充电机（OBC）、直流/直流变换器（DC/DC）和空调加热器（PTC）。

电子分配单元（图 3-21）将 DC/DC 变换器、车载充电机和 PTC 加热器集中放在一起，行业上也称为多合一，如三合一、四合一，甚至五合一，多合一的目的只有一个，就是能共用散热器。共用散热器的优势是散热控制容易，高压电缆用量变少，水循环路径短，对水泵要求低。多合一的缺点是在未采用集成模块化结构时，内部结构混乱，容易损坏，一旦损坏，很难维修，且维修耗时较多，运输成本和维修成本较高。

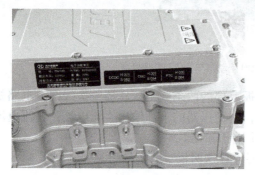 

图 3-20　北汽 EV160 DC/DC 变换器（2017 款）　　图 3-21　2017 款北汽电动汽车的电子分配单元

图 3-22 所示为 DC/DC 变换器的外部输出接线柱，左侧接地，右侧橙色为 12V 输出。

图 3-22　北汽 EV160 DC/DC 变换器输出接线柱（2017 款）

三 2015 款奔腾 EV DC/DC 转换器

图 3-23 所示为一汽奔腾 B50 EV 单向直流电压变换器，可将动力电池电压降为 14V。它位于变频器和电机之间，借用变频器内部下底侧的散热器对 DC/DC 进行散热。

图 3-24 为一汽奔腾 B50 EV 单向直流电压变换器的内部元件。

其 DC/DC 变换器内部右下侧装有空调 PTC 继电器，DC/DC 变换器外接 CAN 通信，除了可控制 DC/DC 通信外，还有控制空调 PTC 继电器的功能。

图 3-23　变频器下部的 DC/DC 变换器　　　图 3-24　一汽奔腾 B50 EV 单向直流 DC/DC 变换器

任务六　DC/DC 充电熔丝断开故障诊断

一　故障现象

车主报修：全车电压低，用电器打不开，车辆无法行驶。经检查铅酸蓄电池电压低，换上新蓄电池后，一天不到故障再次出现。检查蓄电池电压只有 4.31V，电压极低。

二　故障原因

出现上部情况时，一般燃油汽车有三种可能：一是发电机未发电，二是有漏电的用电器，三是蓄电池损坏存不住电。纯电动汽车没有 12V 直流发电机，12V 铅酸蓄电池的充电通过 DC/DC（直流/直流变换器）来完成。按与燃油车相同的分析方法，原因一是 DC/DC 变换器或相应电路损坏，二是有漏电的用电器，三是蓄电池损坏存不住电。

三　故障诊断

无论是上述哪种情况，检查的前提都是需要一块满电的蓄电池来更换车上的蓄电池，以便起动车辆。由于手头没有满电的蓄电池，只好外接充电机，接好充电机后，将点火开关打到 READY 档起动成功。拆掉充电机与蓄电池的电缆，听见"咔嗒"一声。用万用表测量蓄电池的端电压，仍为 4.3V，原来刚才听见的"咔嗒"一声是高压主供电继电器断开了。因此用充电机起动车辆，用车上的 DC/DC 给蓄电池充电没有成功。

断开蓄电池电缆，用充电机给蓄电池充电，因为是刚换上去的新蓄电池，是可以充电恢复的。充电 4h 左右，测量蓄电池电压在 12.3V，电压虽然不足，但足以起动。拆下蓄电池上的充电机，重新起动，成功，再次测量蓄电池电压，仍为 12.3V，没有达到 14V 的充电电压，难道是 DC/DC 没有给蓄电池充电造成亏电。测量了 DC/DC 的供电熔丝，正常，确认 DC/DC 不供电，考虑更换一个新 DC/DC 变换器。从熔丝盒的供电熔丝测量（第一次是从蓄电池极桩测量 DC/DC 是否供电），即从图 3-25 所示熔丝盒断开熔丝的右侧对地测量，发现有 14V 左右的电压（断开熔丝的左侧红线接蓄电池正极，右侧接 DC/DC 输出），这证明 DC/DC 正常输出充电电压。不充电说明一定有断开的部位，在充电电缆和蓄电池之间只有一个熔丝，一定是这个熔丝断开了，透过熔丝的观察口发现熔丝确实断开了。

如图 3-26 所示，先行拆下白壳熔丝两端电缆。白色壳体熔丝通过螺栓固定在熔丝盒中，如图 3-27 所示。在废旧的线束上找到相同位置的这个熔丝，如图 3-28 所示，不过熔丝颜色为蓝色（并不是白色），但两者形状和容量相同，更换完成后，故障排除。

图 3-25　熔丝右侧螺栓对地无电压

图 3-26　拆下白壳熔丝两端电缆

图 3-27　拆下的 DC/DC 熔丝

图 3-28　更换后的蓝色熔丝

四 诊断思路回顾

事后分析为什么其他小容量熔丝没有熔断，偏偏这个大容量的熔丝断开了呢？

经分析，这种情况是 DC/DC 给蓄电池充电过程中正极桩电缆或正极桩人为接地造成短路所致。

任务七　DC/DC 损坏故障诊断

一 故障现象

一汽奔腾 B50 纯电动汽车报修蓄电池无电。更换新蓄电池后，仍旧无电。

二 故障原因

经检查蓄电池电压很低，分析导致蓄电池无电的原因有以下几种情况：

1）高压电没加到 DC/DC 上。
2）DC/DC 变换器（图 3-29）未进行 14V 充电电压转换。
3）蓄电池向外部漏电严重。

图 3-29 DC/DC 变换器

三 故障诊断与排除

1）更换一块有电的蓄电池，打开点火开关，上电 READY 正常，说明 DC/DC 高压供电基本正常。

2）测量蓄电池电压为 11.98V（图 3-30），而不是 DC/DC 转换电压 14V，初步判定 DC/DC 变换器损坏。

3）检查 DC/DC 低压控制线供电和搭铁正常，判定 DC/DC 变换器损坏，解决办法是更换 DC/DC 变换器。

由于没有举升机，无法从车底将检修塞拆下，所以只能断开蓄电池负极，断开蓄电池负极主供电继电器就断开了。

技师指导　厂家要求拆下检修塞是为了防止主供电继电器粘接无法断开造成触电危险。

在操作过程中，为了保证安全，在断开蓄电池后，对变频器的直流供电进行了检测（图 3-31），电压为 0V，说明变频器的上电继电器断开，同时变频器内部的电容放电完毕，检测过程结束。

图 3-30 打开点火开关测量蓄电池电压为 11.98V

图 3-31 对变频器供电进行检测

断开变频器控制线束、拆下变频器，断开直流供电。拆下变频器上盖（图 3-32），断开电机的三相连接、电机解角传感器和温度传感器连接。断开冷却水管，断开 DC/DC 变换器前后的线束连接，拆下变频器（图 3-33）。

更换新的 DC/DC 变换器，更换前注意在变频器散热器上涂好导热硅脂（图 3-34），在变频器上装上新的 DC/DC 变换器（图 3-35）。

图 3-32　拆开变频器　　　　　　　图 3-33　拆下变频器

接上水管、线束，安装全部的拆装部件后，接上蓄电池电缆，将点火开关转到 READY 档，重新测量 DC/DC 输出为 13.87V，说明 DC/DC 已给蓄电池充电，故障排除。

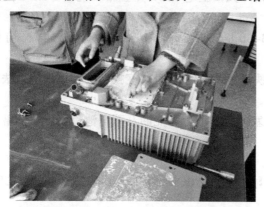 

图 3-34　在散热器上涂好导热硅脂　　　图 3-35　装上新的 DC/DC 变换器

项目四
电动汽车空调

➡ 情境引入

小林遇到一辆纯电动汽车出现打开空调后无法制冷的故障，打开前舱盖，没有找到传动带驱动的电动压缩机，小林感到一片迷茫。你知道要解决这个问题，需要用到哪些知识吗？

➡ 学习目标

1. 能说出电动汽车制冷和制热方式的优缺点。
2. 能说出电动客车热泵式空调的工作原理。
3. 能说出 PTC 加热的控制过程。
4. 能排除电动汽车空调不制冷故障。
5. 能排除电动汽车空调不制热故障。

任务一　了解空调制冷/制热方式

空调的功能是对车内空气进行制冷、制热、除湿、通风、清洁及清新，使之保持在使人感觉舒适的状态。在不同的气候环境条件下，电动汽车车厢内应保持如传统汽车的舒适状态，以提供舒适的驾驶和乘坐环境。

与普通空调装置相比，电动汽车空调装置以及车内环境主要有以下特点：

1）汽车空调系统安装在运动的车辆上，要承受剧烈而频繁的振动与冲击，要求电动汽车空调装置结构中的各个零部件都应具有足够的抗振动冲击和良好的系统气密性能。

2）电动汽车大部分工况为短距离代步，乘坐时间较短，加上电动汽车内乘员舱所占空间较大，产生的热量相对较多，相对热负荷大，要求空调具有快速制冷、制热和低速运行能力。

3）电动汽车空调使用的是车上蓄电池提供的直流电源，压缩机工作效率高，控制可靠性高，维护方便。

4）汽车车身隔热层薄，而且门窗多，玻璃面积大，隔热性能差，电动汽车也不例外，致使车内漏热严重。

5）车内设施高低不平，例如座椅会使气流分配困难，难以做到气流分布均匀。

电动汽车和传统汽车的驱动动力不同，使得它们的空调系统也有很大的区别：电动车没有用来采暖的发动机余热，不能提供作为汽车空调冬天采暖用的热源，电动车的空调系统必须自身具有供暖的功能，即要求采用热泵型空调系统。同时，压缩机也只能采用电机直接驱动，结构上与现有的压缩机形式不完全相同。由于用来给热泵空调系统提供动力的电池主要是用来驱动汽车的，空调系统能量的消耗对汽车每充一次电的行程影响很大。如果电动汽车仍采用现有能效比较低的空调系统，将要求耗费10%以上的电功率，这就意味着要在增加电池的制造成本和降低电动汽车的驱动性能指标之间选择。同燃油汽车相比，对电动汽车空调系统的节能高效提出了更高的要求。同时，电动汽车空调必须要解决制冷、制热两大问题。根据电动汽车的特有性质，目前电动汽车空调有半导体式（热电偶）、电动热泵式、燃油加热式、PTC加热式，其中电动热泵式空调最有发展前途。

一 半导体式制冷/制热

半导体制冷又称电子制冷，或者温差电制冷，是从20世纪50年代发展起来的一门介于制冷技术和半导体技术边缘的学科，与压缩式制冷和吸收式制冷并称为三大制冷方式。半导体制冷器的基本器件是热电偶对，即把一只N型半导体和一只P型半导体连接成热电偶，如图4-1所示，通上直流电后，在接口处就会产生温差和热量的转移。在电路上串联起若干对半导体热电偶对，它在传热方面是并联的，这样就构成了一个常见的制冷热电堆。借助于热交换器等各种传热手段，使热电堆的热端不断散热并且保持一定的温度，而把热电堆的冷端放到工作环境中去吸热降温，这就是半导体制冷的原理。

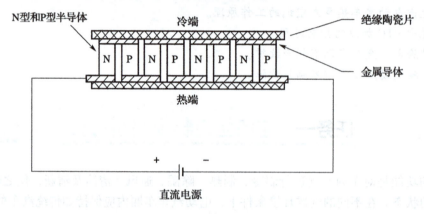

图4-1　半导体制冷原理示意图

半导体制冷作为特种冷源，在技术应用上具有以下特点：不需要任何制冷剂，可连续工作，没有污染源；没有旋转部件，不会产生回转效应；没有滑动部件，是一种固体片件，工作时没有振动、噪声，寿命长，安装容易。半导体制冷片具有两种功能，既能制冷，又能加热，制冷效率一般不高，但制热效率很高，远大于1。因此使用一个片件就可以代替分立的加热系统和制冷系统。半导体制冷片是电流换能型片件，通过对输入电流的控制，可实现高精度的温度控制，再加上温度检测和控制手段，很容易实现遥控、远程控制、计算机控制，便于组成自动控制系统。半导体制冷片热惯性非常小，制冷制热时间很快，在热端散热良好冷端空载的情况下，通电不到1min，制冷片就能达到最大温差。半导体制冷片的反向使用就是温差发电，一般适用于中低温区发电。半导体制冷片的单个制冷元件对的功率很小，但用同类型的电堆串、并联的方法组合成制冷系统的话，功率就可以很大，因此制冷功率可以从几毫瓦到上万瓦。半导体制冷片可实现，-130~90℃的温差范围。

从空调技术成熟性和能源利用效率比较来看，对于采用半导体制冷片技术的电动汽车空调系统，目前存在着热电材料的优值系数较低，制冷性能不够理想的缺点，并且热电堆产量受到构成热电元件元素产量的限制，不满足电动汽车空调节能高效的要求。这使得电动汽车空调更倾向于选用节能高效的热泵型空调，该技术方案对于不同类型的电动汽车通用性较好，并且对整车结构改变较小，是未来电动汽车空调的发展趋势。

> **注意**：目前还没有汽车采用此种方法进行制热和制冷，该技术主要应用在家庭饮水机。

二 电动汽车热泵式空调制冷和制热

在理论上，制冷循环逆转可以用于制暖。但在环境气温低的情况下，制暖性能会下降，无法满足在低温区具备高制暖性能的汽车制暖性能要求。利用电动压缩机压缩制冷剂并使其循环，行驶时，制冷剂在冷凝器中受风冷却。在冬天，当冷凝器（制暖时为蒸发器）结霜时，制暖性能也难以发挥。这就需要考虑增加为冷凝器（制暖时为蒸发器）加温除霜的系统。

制暖在某些情况下需要比制冷更高的性能。例如，在冬天制暖行驶时，为防止车窗起雾一般会导入车外空气。汽车在行驶的同时向车外排放加热了的空气，此时制暖需要比制冷更高的性能。

热泵型空调系统是在原有燃油汽车上改进的，压缩机由永磁直流无刷电机直接驱动，系统的工作原理图如图4-2所示。该系统与普通的家用热泵空调系统并无本质区别，但由于在电动汽车上使用，压缩机等主要部件有其特殊性。热泵技术最大的优点就是制冷、制热效率高。全封闭电动涡旋压缩机由一个直流无刷电机驱动，通过制冷剂回气冷却，具有噪声低、振动小、结构紧凑、质量轻等优点。在测试条件为环境温度40℃，车内温度27℃，相对湿度50%的工况下，系统稳定时能以1kW的能耗获得2.9kW的制冷量；当环境温度为-10℃，车内温度25℃，以1kW的能耗可以获得2.3kW的制热量。在-10~40℃的环境温度下，均能以较高的效率为电动汽车提供舒适的驾乘环境。若能在零部件技术上得到改进，相应效率还可以得到提高。

与传统空调相比，热泵式空调的改变是在空调内部布置了一个热交换器，称为车内冷凝器，并增加了电磁阀控制，其工作原理如下：

1. 制冷

如图4-2a所示，制冷时，车内冷凝器没有车内鼓风机送来的空气通过车内冷凝器翅片，这时的工作原理基本与传统空调相同，气态制冷剂经电动压缩机压缩为高温（70℃）高压（1.3~1.5MPa）的气态制冷剂，气态制冷剂经车内冷凝器、压力传感器、截止阀2、车外部冷凝器和干燥器后降为中温（50℃）中压（1.1~1.4MPa）液态制冷剂，经低压加注口到膨胀阀1，经膨胀阀1节流进入车内蒸发器形成低温（-5℃）低压（0.15MPa）气态制冷剂，低温气态制冷剂从车内吸热后变为稍升温（0~5℃）低压（0.12MPa）的气态制冷剂（实际上不一定全部蒸发掉，可能存在液态的制冷剂，这时可增加液气分离器），制冷剂再次被电动压缩机吸入形成新的循环。

2. 制热

如图4-2b所示，制热时，车内空气通过车内冷凝器，气态制冷剂经电动压缩机压缩为稍高压的制冷剂，制冷剂经车内冷凝器散热后降温，经膨胀阀2蒸发降为温度低于外部环境温度的气体，低于外部环境温度的气体进入车外部冷凝器后从车外空气吸热，经截止阀1重新进入电动压缩机再次升温进入车内冷凝器，车内冷凝器温度大于车内空气温度，给驾驶室加热。

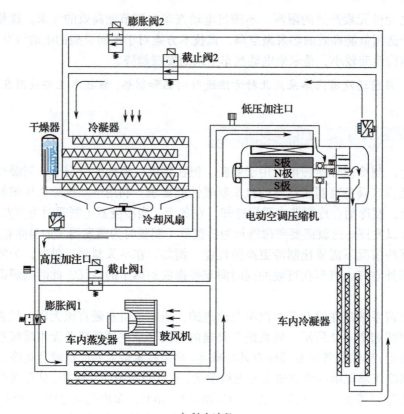

a）制冷过程

电动汽车热泵
式空调控制

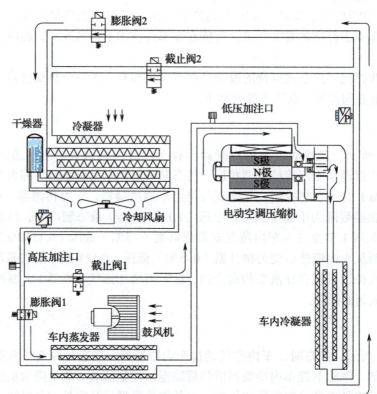

b）制热过程

图 4-2　直接式热泵空调

目前某些客车采用了此种技术,由于客车有足够的空间,这种方法效果较好。国外电动汽车空调发展相对国内来说较成熟,日本本田纯电动汽车就采用了电驱动热泵式空调系统。

技术指导 R134a 制冷剂和 CO_2 制冷剂是电动汽车常用制冷剂,国内大多电动汽车空调采用日本电装(DENSO)公司开发的产品,其在热泵系统的风道中采用了车内冷凝器和蒸发器的结构。CO_2 制冷系统与 R134a 制冷系统的不同之处在于当系统为制冷模式时,制冷剂同时流经内部冷凝器和外部冷凝器。

此外,在特别寒冷的地区使用时,可以选装一个燃油驻车加热器进行采暖。

三 驻车加热器制热

纯电动汽车由于无法利用发动机余热制暖,国内一部分电动车采用传统燃油车使用的驻车加热器作为加热源,如图 4-3 所示,虽然有仍用燃油作为燃料的不足,但至少能促进电动汽车的进一步发展。加热器与仪表台下的原散热器冷却循环系统串联。其工作原理是利用另加的油箱来供油,并通过燃烧汽油所产生的热量来加热散热器,同时使驾驶室升温。热交换器是发动机冷却液采暖系统的心脏,它的作用是把冷却液热量传给空气。

图 4-3 气暖式(左图)和水暖式(右图)驻车加热器

驻车加热器的工作原理:遥控器或定时器给驻车加热器 ECU 一个启动信号,计量油泵从油箱泵油并以脉冲形式将燃油喷到燃烧室前的金属毡上,笔状点火器加热到 900℃ 左右,将喷溅的细小油滴汽化,空气由燃烧空气鼓风机吸入,与汽油混合后点燃,火焰将热能传递给发动机冷却液,电动循环水泵推动冷却液循环进入蒸发器内散热器,鼓风机使车内冷空气通过散热器,把变热的空气吹入车内。

技术指导 这种方法也是加速电动汽车在特殊地区(北方地区)产业化的一种方式,特别是在客车上,因为客车就采用过驻车加热作为冬季供暖的设备。

四 PTC 加热器的电制热方式

若电动汽车加热器采用电制热方式,加热器一般配置在驾驶席和前排乘客席之间的地板下方。加热器由可发热的 PTC(Positive Temperature Coefficient)加热器元件、将加热器元件的热量传送至冷却液的散热风扇组成。因要求加热器有较高的制暖性能，电源使用的是的锂离子蓄电池的高压电，而非辅助电池（12V）。如果是纯电动汽车（EV）专用产品，也可以不使用冷却液，直接用鼓风机吹送经PTC加热器加热的暖风。

> **技术指导** 工程上一般1mm²纯铜线可通过5A电流，若3.6kW加热器12V则需要供电线截面积为60mm²，这样的导线又粗又硬，无法在车上使用。

由于加热单元要使用动力电池的高电压，用少量放热元件产生大量热量，因此，加热器需要丰富的设计和制造经验。加热器内部有板状加热器元件。通过在元件两侧通入散热剂（冷却液）提高散热性。加热器元件采用了普通PTC元件，PTC元件夹在电极中间，具有电阻随元件温度改变的性质。在低温区，电阻低，电流流通产生热量，随着温度升高，电阻逐渐增大，电流难以流通，发热量随之降低。PTC元件的特性符合汽车的制暖性能要求——具备在低温区的高制暖性能。

若电动车沿用汽油车的制暖结构，一般制暖系统由发动机、冷却液、加热芯和送风的鼓风机电机组成。吸收发动机热量使之温度升高的冷却液从加热芯内部流过，车内冷空气从加热芯外部流过，为车内制暖。所以只要有暖风散热器和电动水泵就能工作。

此外，目前加热器的电子控制单元（ECU）与空调系统整体是各自独立的，也可将ECU与加热器融为一体。纯电动汽车配备多个加热器元件，可以使其制暖能力提高到与传统汽车相当。但是，为了尽量把电池电量用于行驶，在设计时对制暖耗电进行了限制。弱混电动汽车在市区行驶时（40~60km/h），在某些条件下，使用制暖时的行驶距离要短于使用制冷时，这体现出制暖的电量消耗比制冷的电量消耗更大。

目前，弱混电动汽车的制冷和制暖系统各自独立，制暖主要依靠发动机冷却液的余热，而制冷则采用电动空调压缩机。

任务二　了解电动制冷过程

早期的国产电动汽车由于受到蓄电池容量的限制，为了不影响电动汽车的续驶里程，大多数都没有配备空调系统。随着国内电动汽车逐步产业化、市场化，电动汽车必然要配备空调系统。出于成本考虑，国内电动汽车厂家多从传统燃油汽车空调的基础上进行部分替换设计，将燃油发动机带动的压缩机替换成直流电机直接驱动的压缩机，控制上做简单相应改变，实现空调制冷的功能。目前替换设计效果基本能解决电动汽车空调的制冷问题，但制冷效率有待提高。

> **技术指导** 在空调的主要零部件选用上，目前国内的电动汽车除了压缩机和控制模式，其他主要零部件还是沿用燃油汽车空调的零部件，冷凝设备主要用的是平行流冷凝器，蒸发设备主要用的是层叠式蒸发器，节流装置仍然是热力膨胀阀，制冷剂仍然是R134a。

一　单制冷式空调

单制冷式空调系统组成沿用传统汽车空调元件，实现仅制冷作用，不像热泵式空调既能制冷也能制热。

1. 制冷系统的组成

如图 4-4 所示，制冷系统主要由纯电动或混合动力汽车的混动压缩机、冷凝器、储液干燥器、膨胀阀、蒸发箱和控制电路等组成。低压管路：从节流阀出口至压缩机入口，包括蒸发器、低压加注口、积累器。高压管路：从压缩机出口至节流阀入口，包括压缩机、冷凝器、干燥器、高压加注口、高低压开关，节流阀。

技术指导 客车多采用变频器控制高压三相电机驱动压缩机，因此有独立的电机变频器，电机和压缩机之间采用传动带传动方式。而轿车多采用整体式电动压缩机电机，这种压缩机内部有电机，一般采用高电压供电变频驱动。

2. 制冷系统部件功能

压缩机把低温、低压的气态制冷剂吸入压缩成高温、高压的液态制冷剂，以和外界空气形成温差。冷凝器把高温、高压制冷剂的热量散至周围空气，使制冷剂降温；干燥器用来除去制冷剂中的水分；高压加注口用于加制冷剂或对管路抽真空；高压开关保护管路，低压开关保护压缩机；节流阀（膨胀阀）有一个可变或固定截面小孔，把高压制冷剂节流雾化，在鼓风机的作用下，经蒸发器吸收车内空气热量；积累器用来储存制冷剂，防止从蒸发器出来的不是气态制冷剂，防止液击压缩机，一般不设计；低压加注口用于加制冷剂或对管路抽真空用。

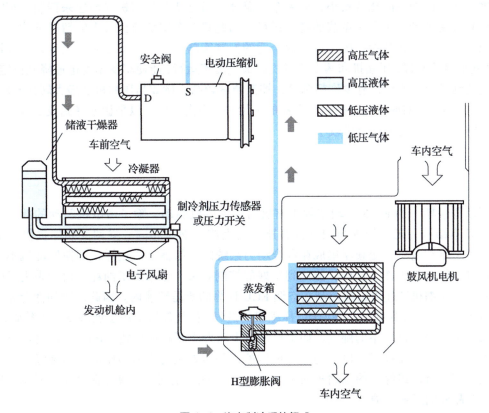

图 4-4 汽车制冷系统组成

对于传统燃油汽车空调系统，主要采用发动机驱动的蒸气压缩式制冷系统进行降温，而制热主要采用燃油发动机产生的余热。对于电动汽车中的纯电动汽车以及燃料电池汽车来说，没有发动机作为空调压缩机的动力源，也不能提供作为汽车空调冬天制热用的热源，因此无法直接采用传统汽车空调系统的解决方案；对于混合动力车型来说，发动机的控制方式多样，故空调压缩机也不能采用发动机直接驱动的方案。综合以上原因，在电动汽车的开发过程中，必须研究适合电动汽车使用的新型空调系统。对于电动汽车来说，车上拥有高压直流电源，因此，采用电动热泵型空调系统，压缩机采用电机直接驱动，成为电动汽车可行的解决方案。若热泵式空调的压缩机电机采用变频控制技术，膨胀阀采用电子膨胀阀节流技术，则使控制更精确，并可更节能。

在传统燃油汽车的自动空调系统中，通过控制混合风门的开度来调节出风温度以及控制风机的转速来调节风量，以使车室内温度保持在设定值。而对于电动车热泵空调系统而言，没有热水芯来调节出风温度，但是压缩机的转速可以通过变频器来控制，因此它的控制方法也就不同于传统燃油汽车的空调系统。

在电动车热泵空调系统中，压缩机的转速是制冷量的主要控制量，压缩机转速采用的控制方法归纳如下：当车室温度高于设定温度 1℃时，为了尽快使温度达到设定值，压缩机以最大转速运行；若车室温度低于设定温度 1℃，压缩机以最低转速运行；当室温偏差在 -1~1℃之间时，压缩机的转速通过模糊控制算法来控制，以每一采样时刻室温与设定值的温差及温差的变化率为输入量，通过模糊推理得出压缩机的转速值。同时蒸发器风机的风量不仅影响制冷系统，而且对车室温度也有较大的影响。如果只将蒸发器风机以最大风量运行，不仅噪声比较大，也不利于满足车室的舒适性要求。尤其对于电动车空调系统，没有热水芯调节出风温度，车室内的空间比较狭小，如果车室温度只通过调节压缩机的转速来控制，车室内温度会比较容易波动，不利于系统的稳定运行。因此只在车室负荷比较大的情况下才让风机以最大风量运行，而在其他情况应该采取合适的控制策略，以保证车室内的温度稳定在设定温度。在初始制冷阶段，压缩机和蒸发器风机以最大转速运行，能使车室温度迅速降到设定温度。当温度达到设定温度后，有少许超调量，控温精度较高。例如当压缩机从最大转速 6000r/min 降到 3300r/min 左右时，通过控制蒸发器的风量，车室内温度可以平稳地降到设定温度附近，使得此时压缩机转速的超调量较小。

二 电动变排量涡旋式制冷压缩机

新款普锐斯上的 ES18 电动变频压缩机由内置电机驱动。除了由电机驱动的部件外，压缩机的基本结构和工作原理与旧款普锐斯上的涡旋压缩机相同。空调变频器提供的交流电（201.6V）驱动电机，变频器集成在混合动力系统的变频器上。这样，即使发动机不工作，空调控制系统也能工作。这样，能达到良好的控制效果，也减少了油耗。由于采用了电动变频压缩机，压缩机转速可以被控制在空调 ECU 计算的所需转速内。因此，冷却性能和除湿性能都得到了改善，并降低了功率消耗。压缩机的进气、排气软管采用了低湿度渗入软管，这样，可以减少进入制冷循环中的湿气。如果压缩机电路发生开路或短路，HV-ECU 将切断空调变频器电路来停止向压缩机供电。为了保证压缩机和压缩机壳内部高压部分的绝缘性能，新款普锐斯采用了有高绝缘性的压缩机油（ND11）。因此，绝对不能使用除 ND11 型压缩机油或它的同等品外的压缩机油。

1. 结构

如图4-5所示,电动变频压缩机包含一螺旋形固定蜗形管(定子叶片)和可变蜗形管(晃子叶片)、无刷电机、油挡板和电机轴。固定蜗形管安装在壳体上,轴的旋转引起可变蜗形管在保持原位置不变时发生转动,这时,由这对蜗形管隔开的空间大小发生变化,实现制冷剂的吸入、压缩和排出等功能。将进气管直接放在蜗形管上可以直接吸气,从而可以提高进气效率。压缩机中有一个内置油挡板,可以挡住制冷循环过程中与气态制冷剂混合的压缩机油,使气态制冷剂循环顺畅,从而降低机油的循环率。

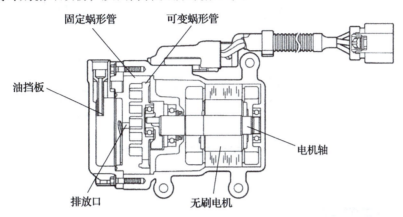

图4-5 电动变频压缩机内部结构

2. 工作原理

图4-6所示为电动涡旋式压缩机的定子叶片和晃子叶片实物图。

图4-6 电动涡旋式压缩机的定子叶片(左)和晃子叶片(右)

电动涡旋式压缩机具体工作过程如图4-7所示。

(1)吸入过程

在定子叶片(固定蜗形管)和晃子叶片(可变蜗形管)间的压缩室容量随着晃子叶片的晃动而增大,这时,气态制冷剂从进风口吸入。

(2)压缩过程

吸入步骤完成后,随着晃子叶片继续转动,压缩室的容量逐渐减小。这样,吸入的气态制冷剂逐渐压缩并被排到定子叶片的中心。当晃子叶片转动约2周后,制冷剂的压缩完成。

(3)排放过程

压缩完成而压力较高时,气态制冷剂通过定子叶片中心的按压式排放阀排出到高压管。

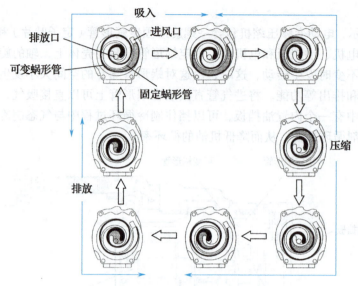

图 4-7 电动涡旋式压缩机工作过程

任务三　纯电动汽车空调不制冷故障诊断

一　电动汽车制冷工作过程

2017 款 EV300 纯电动汽车空调，既负责为汽车室内进行制冷，也负责锂离子电池在极端热环境下的制冷，图 4-8 所示为其制冷工作原理。

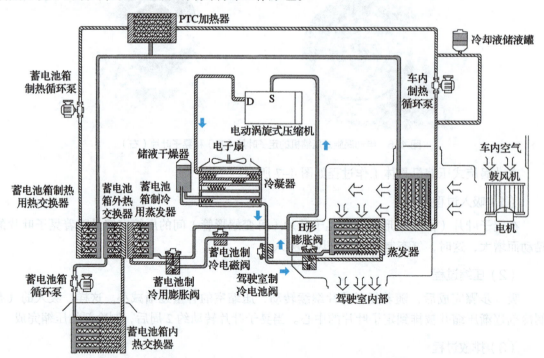

图 4-8　2017 款 EV300 纯电动汽车电动空调（含电池制冷部分）

电动压缩机的控制过程如下：驾驶人通过控制面板打开空调，设定室内温度，自动空调控制器（ECU）通过查询空调 ECU 内部的电动空调压缩机转速目标 MAP 图，将转速目标数据发送给电动空调压缩机总机上部内置的空调压缩机变频器的控制器（ECU）部分，压缩机变频器的控制器（ECU）部分根据转速目标数据控制变频器的驱动板形成驱动控制全桥逆变器的驱动信号，驱动信号驱动全桥逆变器形成三相电机的交流信号，电机转子开始转动，电机转子上的转速（位置）传感器将实际电机转速反馈给变频器控制器（ECU），以实现反馈控制。

转动起来的电动压缩机吸入低温气态的制冷剂，压缩出高温气态制冷剂，高温气态制冷剂经冷凝器降温后形成高温液态制冷剂，高温液态制冷剂进入一段从蒸发器出来的双层管结构的外层管，内管是从蒸发器出来的低温气体制冷剂，将外管的高温液态制冷剂进一步冷却，这样的设计提高了空调的制冷效率。

在外管的左侧有两个输出，下部的输出去往蒸发器进口电磁阀，经给车内制冷的蒸发器流出，从蒸发器回流至右侧的低压管，经双层管的内管再次进入压缩机循环。

在外管左侧上部的输出去往电池降温电磁阀，经电池降温专用膨胀阀进入一个小型的冷交换器的蒸发器，从蒸发器回流至右侧的低压管，经双层管的内管再次进入压缩机循环。小型冷交换器的左侧管路内有冷却液，冷却液的热量被制冷剂带走，自身温度降低，降低温度的冷却液流经电池底部的热交换铝板（图中略），从而起到冷却电池的作用。

二 压缩机不制冷的故障原因分析

电动汽车空调的控制与燃油车的控制原理基本相同，一般故障与燃油车的故障原因相同，下面是常见不制冷的原因。

1. 压缩机起动控制条件未达到

1）空调控制面板操作错误。
2）车前杠处的外界环境温度传感器检测到外界环境温度过低而禁止空调压缩机转动。
3）高压管处的高、低压力传感器检测到制冷管路制冷剂过多、过少而禁止空调压缩机转动。

2. 压缩机起动控制条件已达到，压缩机仍不转动

1）压缩机高压供电熔丝损坏（压缩机外部供电线路短路）。
2）压缩机高压绝缘损坏。
3）空调控制器和变频器通信线路损坏。
4）压缩机变频器损坏。
5）空调控制器损坏。

三 制热工作控制过程

2017 款吉利 EV300 纯电动汽车空调制热采用高压加热器（图 4-9），加热器对冷却液进行加热，热的冷却液流经空调暖风散热器给驾驶室。同时，热的冷却液也流经电池的热

图 4-9 空调暖风和电池共用的高压加热器

交换器一侧，电池热交换器的另一侧是流经电池的冷却液，从而给电池组加热。

高压加热器的高压电流是经过高压配电箱熔丝流过来的，直流电进入高压加热器后（图4-10），再经过功率开关管进行电流控制，从而实现驾驶人对驾驶室温度的设定需求，即驾驶人设定温度越高，对应的鼓风机转速越高，同时加热器的加热电流越大。低压控制端口用于给加热控制ECU供电，并提供通信线路。两侧的粗管为冷却液的流入和流出口，在端口标有进、出标记。

高压加热器可分成高压和低压两部分。低压控制包括供电、接收空调面板的加热需求信号，以及将加热器自诊断出的故障输出等。高压部分功率晶体管的驱动电源由高压部分降压产生。

在电路板（图4-11）上采用了光耦进行光电隔离，实现低压对高压控制信息的下达和上传。

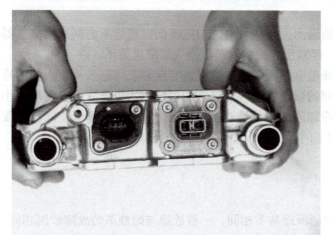
图4-10 加热器控制端口与高压供电端口

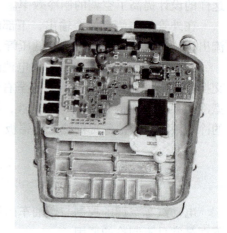
图4-11 加热器控制器ECU及四个功率晶体管

任务四　空调无暖风故障诊断

一　故障现象

校内安保人员采用一汽奔腾B50纯电动汽车巡逻，在2017年11月报修空调没暖风。要知道，在冬季没有暖风是很严重的事情。安保人员反映前风窗玻璃无法除霜，同时车内也非常冷，无法巡逻。

二　故障原因

经检查发现确实没有暖风，分析导致没有暖风的原因有以下几种情况：
① 高压电没加到PTC上。
② PTC控制器无法控制开关管（开关管在控制器内部）。
③ PTC控制器未供电工作。
④ 空调的控制信号未送达PTC控制器。

三 故障诊断

第 4 种情况通信问题一般不常见，低压控制线在杂物箱后的 PTC 控制器上，也不易检查。所以首先针对第 1 种情况高压电没加到 PTC 上入手，很可能是 PTC 加热器本身损坏，但 PTC 加热器在蒸发箱中，测量较困难。该车 PTC 加热供电取自 DC/DC 变换器内部的继电器，如图 4-12 所示，也可能是中间供电的继电器未工作。

可以考虑更换 DC/DC 变换器，从而也更换了内部的 PTC 供电继电器。

更换过程如下：由于没有举升机，无法从车底将检修塞拆下，所以只能断开蓄电池负极，断开蓄电池负极主供电继电器也就断开了。按厂家要求拆下检修塞是为了防止主供电继电器粘接无法断开造成触电危险。在操作过程中，为了保证安全，在断开蓄电池后，对变频器的直流供电进行了检测（图 4-13），确认无电后，断开变频器控制线束、拆下变频器，断开直流供电。拆下变频器上盖，断开电机的三相连接（图 4-14）、电机解角传感器和温度传感器连接。断开冷却水管，断开 DC/DC 变换器前后的线束连接，抬下变频器，更换新的 DC/DC 变换器（带 PTC 供电继电器），如图 4-15 所示。接上水管、线束、全部的拆装部件后，接上蓄电池，将点火开关转到 READY 档，打开空调加热开关，出风口仍无热风出来，说明故障不在 DC/DC 变换器的继电器上。

图 4-12　DC/DC 变换器内部的空调 PTC 供电继电器（右下侧）

图 4-13　拆下变频器电缆

图 4-14　拆下电机和变频器连接

图 4-15　更换新的 DC/DC 变换器

故障不在 DC/DC 变换器上就一定在带控制器的 PTC 加热器上，因为该车的 PTC 加热器和控制器一体，外界的接线有控制线束和高压供电线束，控制线束一般不会出故障。

这时突然想起判断故障不在 DC/DC 变换器的供电继电器上太草率了，因为最开始就怀疑带控制器的 PTC 加热器有故障，若能绝对判定高压供电正常，即可考虑更换带控制器的 PTC 加热器。DC/DC 变换器的供电继电器在工作时是有声音的，打开空调暖风开关，若能听到工作声音或摸到继电器的振动则可断定高压已加到 PTC 加热器上。然后，一人在车内操作空调暖风开关，另一人用手摸了一下 DC/DC 变换器供电继电器侧的外壳，可感觉到继电器工作时的振动，也可听到轻微的"咔嗒"声，这时就可完全判定带控制器的 PTC 加热器损坏了（图 4-16）。当然，这里还是有一点漏洞，就是还不能确定空调是否对带控制器的 PTC 加热器的控制器部分控制是否正常，按经验此类故障发生概率很小。

图 4-16 带控制器的 PTC 加热器

校内并没有带控制器的 PTC 加热器，打电话到服务站，服务站来人检查也未能直接确定故障元件，决定将车拖回服务站。

两天后最终检查结果出来了，确实是带控制器的 PTC 加热器损坏。

四 诊断思路回顾

更换新的 DC/DC 变换器（带空调加热供电继电器）有些徒劳，主要原因一个是概率大，另外也有连检带修一次完成的想法。正确的做法是先打开空调暖风开关，听或摸是否能感觉到继电器工作。

那为什么不断开高压线束测量一下是否有电压？因为一旦断开高压线束，高压配电箱内的主供电继电器就断开了，电压是测量不到的。即使能测量到，一是不安全，二是在变频器和防火墙的狭小空间内很难测量。

项目五
减速器驻车档电路

> **情境引入**
>
> 小林遇到一辆纯电动汽车出现驱动轮驻车档无法解除，车辆无法行驶故障，并在仪表上看到一个葵花形的红色警告灯。小林感到一片迷茫，你知道要解决这个问题，需要用到哪些知识吗？

> **学习目标**
>
> 1. 能画出纯电动汽车减速器的结构图。
> 2. 能画出线控驻车档示意图，并能说明其工作原理。
> 3. 能排除电动汽车驻车档无法解除故障。

任务一　了解纯电动汽车传动系统

一　传动系统结构形式

采用不同的电力驱动系统可构成不同结构形式的电动汽车，下面介绍几种不同的结构驱动形式。

（1）电机横置前驱结构

在传统发动机横置前驱的燃油汽车上把发动机换为电机，将变速器换为多级主减速器，并将多级主减速器和差速器集成为一个整体，两根半轴连接驱动车轮，这种结构在电动轿车上应用最普遍。

（2）电机纵置后驱结构

电机后用固定速比的减速器，由电机、固定速比的减速器和差速器组成电力驱动系统，没有离合器和可选的变速档位，转矩大小由逆变器控制输出，这种结构在电动客货车上应用最普遍。

> **技师指导**　　　　　　　　　**双电机结构**
>
> 双电机结构采用两个电机通过固定速比的减速器分别驱动两个车轮，每个电机的转速可以独立调节，可实现车轮电子差速，不必装有差速器，其具体形式有如下两种。

(1) 高速轮毂电机结构

采用高转速电机驱动行星齿轮机构的太阳轮，内齿圈固定，行星架减速输出，一般用在工程车辆上。

(2) 低速轮毂电机结构

采用低速外转子电机，取消行星齿轮机构减速，电机的外转子直接安装在车轮上，一般用在工程车辆上。

电机横置前驱结构和电机纵置后驱结构是实际应用最广泛的结构，双电机结构目前还很少见。

二 不同车型变速器

由于电机自身输出能满足汽车行驶的转矩需求，所以在小型、中型货车和轿车上取消了变速机构，而只采用减速机构，即减速机构只有主减速器。

图 5-1 小、中型厢式货车上的电动减速驱动桥

1. 小型、中型货车

主减速器多为两级式主减速器，主减速器的传动比是两级速比的乘积。单电机时差速器仍是必要的部件。图 5-1 所示为使用在小、中型厢式货车上的电动减速驱动桥。

由于电机具有低速转矩大、工作转速范围宽的特点，倒车时只需电机反转即可。因此，变速器的前进档（D）和倒档（R）只是电机正转和反转的控制信号。

2. 轿车

图 5-2 所示为轿车电力驱动系统，把电机、减速器、差速器和功率逆变器集成在一起。外部只有强电、弱电线束和冷却水管。

若前后轴各有一套这样的动力驱动系统则是四轮驱动。

3. 客货车

(1) 客货车使用变速器的必要性

电机拥有很宽的工作转速范围，但和发动机一样，电机也有最佳工作转速区间，高于或低于这一区间效率就会下降。

1) 无变速器的电机效率。一台 40kW 电机在刚起动时效率仅有 60%~70%。随着速度提高效率逐步提高，在 3300~6000r/min 区间，效率能够达到 94% 以上。而在接近极限转速 10000r/min 时，效率又降到 70% 左右。可以看出，合理利用变速器，让电机工作在最佳转速区，对于提高效率有重要意义。

2) 无级变速器的效率。电动汽车若采用无级变速器会比固定速比的减速器能耗降低 5%~7%，噪声也减小很多。

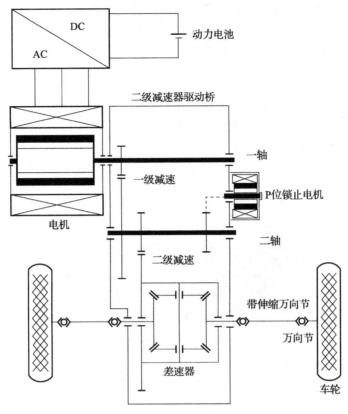

图 5-2 轿车电力驱动系统

3）货车和客车是否采用变速器。在客货车上，无变速器时，电机低速电流大、最高车速时噪声大、耗电量大。固定速比输出不能充分根据路况变化改变转矩，对电机、蓄电池及控制器造成严重破坏。所以，客货车仍要采用变速器。

4）货车和客车采用 2 档或 3 档的变速器。在电动客货车上配装变速器（图 5-3），主要

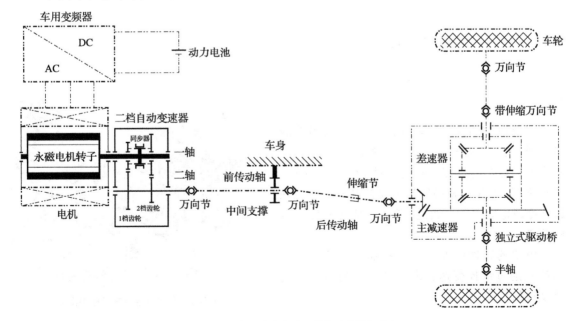

图 5-3 纯电动客车变速器结构（实线部分）

是为解决电机驱动力不足的问题。装变速器可以改变电机转矩，提升电机动力。纯电动客车配装的变速器相比燃油车型结构大大简化，变速器档数由传统多档简化成 2 档或 3 档，电机和变速器之间可配有离合器，也可不配离合器。

（2）无同步器 AMT 应用

传统变速器换档时需要离合器切断动力，同步器使从动齿轮和主动齿轮同步。新的设计理念是在无离合器条件下实现自动换档，为此设计出电机主动调速适应从动齿轮转速的自动换档变速器。图 5-4 所示为电机调速齿轮同步的自动换档动力总成。

图 5-4　电机调速齿轮同步的自动换档动力总成

电机调速齿轮同步自动换档的工作原理是自动变速器 ECU 接收变速器输出轴转速传感器信号，同时也接收电机转速信号，在换档前，先调节电机转速至从动齿轮的转速，然后采用电控气动、液动或电动三种装置之一推动拨叉，由于主从动齿轮的转速相等，拨叉推动接合套直接挂入相应的主动齿轮。图 5-5 所示为一款电控电动换档执行装置。

图 5-5　电控电动换档执行装置

任务二　典型减速器原理与诊断

一、减速器

比亚迪 e6 电动汽车采用了两级减速齿轮的减速器（没有变速器），减速器内的控制装置只有 P 位驻车电机控制的驻车锁止轮，如图 5-6 所示圆圈。P 位电机控制器主要控制 P 位电机在 P 位置锁止变速器，通过 PWM 完成对 P 位电机的控制。

电机的转速改变通过变频器调频实现，方向改变通过线控变速杆向变频器内的电机控制器发送信号。

图 5-6　P 位线控驻车机械锁止轮

技师指导 线控驻车电机故障有驱动管或电机故障、霍尔位置信号故障、备用霍尔故障等。

二 P位电机控制器

P位电机控制器位于主驾驶人座椅地板处，用于控制P位电机，从而实现车辆动力系统的锁止和解锁。

P位电机控制器实现的功能如下：接收驱动电机控制器的锁止命令，对电机执行相应的锁止操作，保证车辆停车的可靠性。接收驱动电机控制器的解锁命令，对电机执行相应的解锁操作，保证车辆的正常起步。P位电机控制器不同于传统的机械拉索控制锁止结构，它通过控制电机转子转动时的伸出与缩进来控制是否锁止变速器，主要包括控制器、电机、霍尔位置传感器，霍尔位置传感器和电机是集成在一块的。

P位电机为开关磁阻电机，属于异步电机的范畴，该电机内部由叶轮和摆轮等部件组成，叶轮每旋转60圈，摆轮旋转一圈，摆轮通过花键与锁止机构相连将变速器锁止。

P位电机控制器电源及搭铁线路如图5-7所示，由常电和点火开关供电，三条搭铁线。

P位控制电机工作原理如图5-8所示：P位控制器K16-5内部接地，P位控制继电器线圈通电，继电器开关闭合给P位控制电机的三个线圈供电，三个线圈经B13-7、1、6到达P位控制器，为保证工作可靠，一个线圈采用了三个接口，这个接口内部为开关管，可实现线圈内部接地。

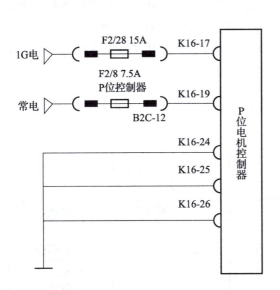

图5-7 P位电机控制器电源及搭铁线路

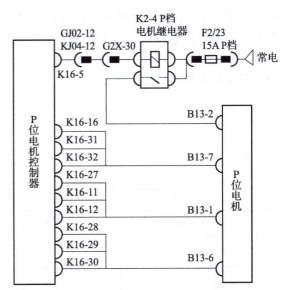

图5-8 P位控制电机电路工作原理

完成任务 P位电机为三相电机，外接三根线的任意两根为两相线圈串联，由于对称性，检查P位电机时，三根线间的电阻值应为1.40~1.45Ω，三根线和电源线的电阻值应为0.70Ω。

P 位控制电机要实现准确的驻车锁止和解除驻车锁止功能要求，需有准确的电机转子位置反馈（图 5-9）。反馈方法是通过电机内部的三个霍尔传感器 A、B、C 来监测电机转子的位置，电机转子的端部有一个多极磁环，当电机转子转动时，多极磁环扫描三个霍尔传感器 A、B、C，实现在 P 位控制器到 P 位控制电机的三根信号线与 P 位控制电机的间歇接地，从而在 P 位控制器内部形成接地的信号，通过这个信号实现电机转子位置的监测。

P 位电机控制器接收来自 CAN 总线上锁止／解除锁止的信号（图 5-10），完成 P 位电机控制，同时 P 位电机控制器的故障信息也可通过 CAN 总线输出到总线上。

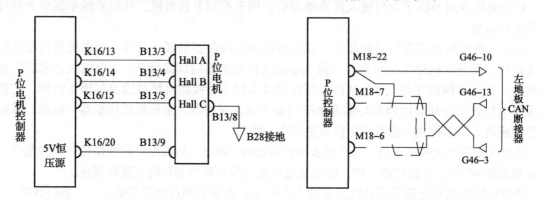

图 5-9　P 位控制电机位置反馈控制电路　　　　图 5-10　P 位锁止／解锁信号输入电路

P 位锁止用电机采用开关磁阻式电机，为三相 12/8 极，其电路原理可简化为图 5-11 所示。按下 P 位开关，接地信号被微控制器接收，VT_1 晶体管工作，P 位电机继电器工作，给磁阻电机的三个定子线圈供电。当 VT_1、VT_2、VT_3 按顺序导通时，电机转子向一个方向转动。当 VT_3、VT_2、VT_1 按顺序导通时，电机转子向另一个方向转动。电机转子上有多极磁环，用来扫描两个霍尔传感器 Hall A 和 Hall B。两个霍尔传感器可识别电机转子的转速和转动方向，可以给微控制器反馈转动的极位数，从而使电机在工作固定行程后停止控制工作，保证驻车棘爪准确切入棘轮和脱出棘轮。

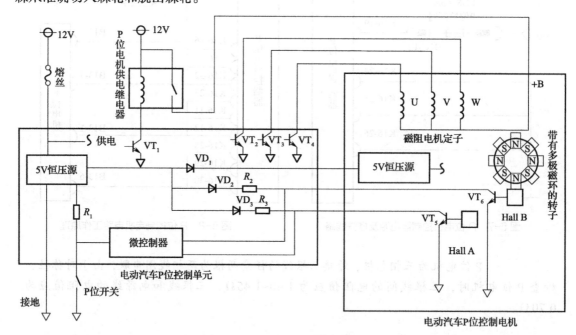

图 5-11　P 位电机控制电路

三 驻车档无法解除

① 首先检查诊断仪是否能从减速器控制器读取到 P 位的信号，若不能说明变速杆线控控制器未供电工作或自身损坏。

② 若诊断仪能从减速器控制器读取到 P 位的信号，仪表却不能显示 P 位，说明执行电机的动作未执行，原因是电机未供电或损坏。

③ 若诊断仪显示"P 位电机的位置错误信号"，表明带有位置传感器的 P 位电机内的位置传感器损坏或新更换的 P 位电机未进行基本设定，以及 P 位控制器有故障。P 位电机的位置错误信号引起向日葵形状的 P 位减速箱控制单元故障灯点亮（图 5-12），造成车辆无法行驶。

图 5-12　减速箱控制单元故障灯点亮（右上侧红色向日葵形状）

技师指导　在测量线束确认线束没有接触不良后，更换减速器驻车电机控制 ECU（图 5-13），故障排除。

图 5-13　减速器驻车电机控制 ECU

项目六
新能源汽车总线控制

➡ 情境引入

一辆纯电动汽车辆无法上电 READY 行驶，使用诊断仪读取整车控制器（VCU）自诊断信息，显示"总线循环计数器超差"。小林感到一片迷茫，你知道要解决这个问题，需要用到哪些知识吗？

➡ 学习目标

1. 能说出 LIN 异步通信原理图的波形生成原理。
2. 能说出 CAN 异步通信原理图的波形生成原理。
3. 能测量，并描述 LIN 通信的波形。
4. 能测量，并描述 CAN 通信的波形。

任务一　了解汽车通信技术

一　汽车通信的必要性

1. 从布线角度分析

传统的电气系统大多采用点对点的单一通信方式，这样必然造成庞大的布线系统。在 20 世纪 80 年代，据统计，在一辆采用传统布线方式的高档汽车中，其导线长度可达 2000m，电气节点达 1500 个，而且，该数字大约每十年增长 1 倍，从而加剧了线束与汽车有限的可用空间之间的矛盾。传统布线方法不能适应汽车的发展，急需一个布线少的高速网络来代替传统布线。

2. 从信息共享角度分析

现代汽车的发动机、底盘、电气和电力驱动这四个系统为了实现综合控制，需要信息共享技术。

3. 从可靠性更强

控制单元采用单线通信，通道多，导致故障也多，还不易排查。采用总线通信技术减少了线束数量，使可靠性增强，从而降低了故障率。另外，通信的自诊断功能有利于快速发现故障点，使检修难度降低。

二 数据传输特点

现代汽车数据传输的特点是"数字化"和"多路复用"。

1. 数字化

例如，发动机控制单元有发动机冷却液温度信号、发动机转速信号、节气门开度信号三种信息要发送到自动变速器控制单元。在传送之前，这些数据已经预先被数字化成"0"或"1"了，如图 6-1 所示，发动机冷却液温度信号可用 8 位的"0"或"1"表示。

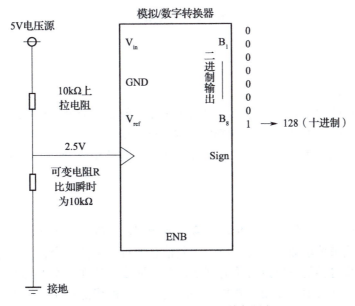

图 6-1　发动机冷却液温度信号数字化过程

模数转换器是将模拟量变为二进制数字量的芯片，模拟量 0 用二进制 0000 0000 表示，十进制仍为 0，5 用 1111 1111 表示，十进制为 255（0 到 255 共有 256 个数）。当冷却液温度为 −20℃，输入电压为 2.5V 时，二进制为 1000 0000，十进制则为 128。当发动机 ECU 内的微控制器（MCU）接收到这个二进制 1000 0000 数字时，就知道实际冷却液温度是 −20℃。

2. 多路复用技术

由于在汽车上每个控制单元要传递的信号种类不是特别多，每个控制单元也不是需要特别快速传递这些信号，这时一条线仅传递一个信号时这个通道就显得太空闲。

为了能有效地利用这个通道，人们希望一个通道能够给车上的多个控制单元（节点）传输信号，以实现全车控制单元的数据共享。

如图 6-2 所示，发动机向总线通道发送信息时，先将发动机冷却液温度信号、发动机转速信号和发动机节气门开度信号打包为数据，数据前后当然还有总线协议要求的一些二进制数据作为控制数据或地址数据等，最终打包成一帧数据（只含 0 或 1 两种数据）。

因为发动机控制单元要发送的只有 0 或 1 两种数据，信息共享传播方式是通道实现高和低两种电压脉冲变换。高低两种电压脉冲被发动机控制单元、变速器控制单元、制动控制单元检测，发动机控制单元检测的目的是为了检查刚才自己发送的数据是否正确。变速器控制单元和制动控制单元检测电压脉冲是为了实现数据共享。

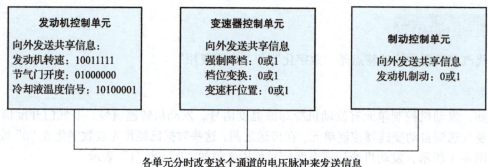

图6-2 多路复用技术

三 串行异步通信技术

在汽车上使用的通信导线分为单线和双线两种。单线用于串行异步通信和LIN通信（也是串行通信），双线用于CAN和FLEXRAY这两种通信。

单线串行通信用于不需要瞬间处理或允许稍缓处理的信息交换，分为同步通信和异步通信两种。

1. 串行同步通信

当因为无法增加线路导致数据传输堵塞，或者因成本等原因无法增加数据线路时，我们采用串行通信方式来传输数据。若组成二进制信息的每行字位一个接一个地传输，按发送器与接收器之间同步时钟的速度进行称为同步通信，同步通信在汽车上几乎不用。这种通信方法在获取信息时比并行通信需要花费更多的时间，但它的优点在于减少了所需线路的数量，如图6-3所示。

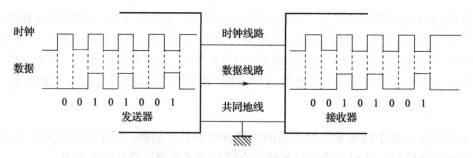

图6-3 串行同步通信示意图

2. 异步串行通信

异步通信模式省去了连接发送器与接收器的同步时钟线路。在这种情况下，每一个组件都有一个内部时钟，周期是相同的。发送器先向接收器发送具有开始字位的一段脉冲，接收器在第一个拉低脉冲持续一个内部时钟的时间后开始认为是信号传递，这个过程也称为初始同步信号，信息初始有一个开始0字位，这个开始字位不是数据，它的作用是使接收器的时钟与发送器的时钟同步。信息以一个与开始字位相反的停止字位1结束，时钟将会在开始发送每个信息时进行重新同步调节。

图6-4所示为一帧数据为10位的数据传送。事实上,一帧数据为多少位是不固定的,是汽车开发商和制造商双方技术人员事先商定好的,汽车制造商会委托汽车研发公司制定这方面的标准,通信协议制定好后,汽车制造商会将这个通信协议的内容分发给其他研发公司以实现配套开发。

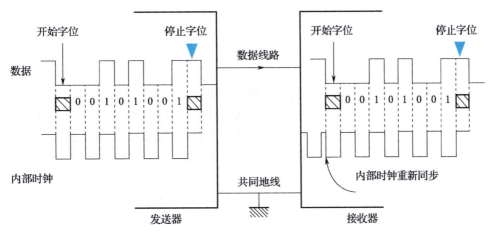

图6-4 单线异步串行通信

异步通信不发送信息时是高电位,一般为5V或12V两种电压。LIN通信本质上是异步通信,不发送数据时的电位为12V。

四 传感器集成级对通信的影响

在数字化大发展的今天,汽车开发商通过不断提高数字化质量和数量升级其产品,以达到更智能的控制。如图6-5所示,目前汽车传感器有以下几种类型。

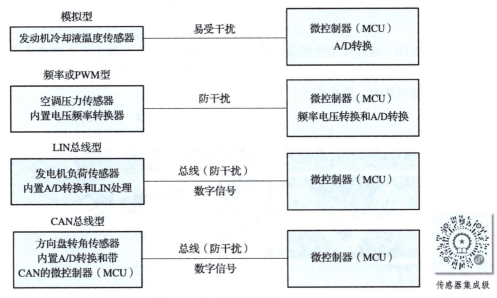

图6-5 汽车传感器类型

模拟型传感器包括发动机冷却液温度传感器、爆燃传感器、磁感应传感器、加速踏板或电子节气门位置传感器等,采用模拟信号的形式输出。

脉冲宽度调制信号（PWM）或频率型传感器包括空调压力传感器和发电机负载传感器等，以及输出频率信号的某些热线式或热膜式空气流量传感器。

LIN 总线型传感器包括带有 LIN 总线的空调压力传感器、发电机的电压调节器等。

CAN 总线型传感器包括方向盘转角传感器和 ABS 的横摆率传感器等。

五 汽车网络可用的传输介质

1. 双绞线

双绞线是由两根带绝缘皮的普通铜导线扭绞而成的，目前双线不归零码串行通信在汽车上有 CAN 和 FLEXRAY 两种协议，CAN 和 FLEXRAY 在硬件原理上是基本相同的。

CAN 单通道通信为单条双绞线，如图 6-6 所示，两条数据线相互缠绕，可防止外界噪声和干扰源干扰产生错误信号，同时也阻止了本身向外辐射，对外产生干扰。

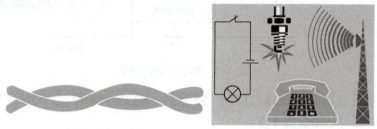

图 6-6　两条数据线相互缠绕的作用

对于 FLEXRAY 而言，一般单通道通信单条双绞线就够用了，若采用双通道通信要用两套双绞线。

许多汽车制造商在使用双绞线时通常用颜色来区分不同区域网络的 CAN 线。

2. 光纤

光纤是有线传输介质中性能最好的一类，如图 6-7 所示，一般由实心玻璃纤维和塑料构成。在折射率较高的纤芯外面，再用折射率较低的包层包住，就构成了一条光波通道，再在包层外面加上一层保护套，就构成了一根单芯光缆。

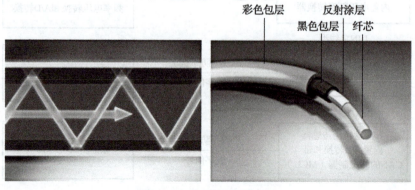

图 6-7　光导纤维全反射传播

光纤传输数字信号是利用光脉冲的有无来代表"1"和"0"的。典型的光纤传输系统如图 6-8 所示。在发送端，可用发光二极管（LED）把电信号转换成光信号在光纤中进行传输。

在接收端，通过光电二极管（PIN）把光纤传来的光脉冲转换成电信号输出。

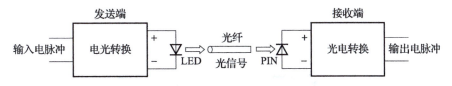

图 6-8　光电转换示意图

注：光纤主要用于信息娱乐系统，如音频和视频类等数据量大的信息传输系统。

光纤抗电磁干扰能力强，信号传输速度快且音频响应好，将逐渐取代传统的同轴电缆和双绞线。

3. 同轴电缆

同轴电缆（家用电视信号线）如图 6-9 所示。电缆的中央是一条单根的铜导线，其外部被一层绝缘材料包围着，在这种绝缘介质的外部是一个网状金属屏蔽层。网状金属屏蔽层既可以屏蔽噪声，也可以作为信号线的地线，最外面一层是塑料封套。

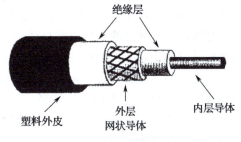

图 6-9　同轴电缆

技师指导　同轴电缆主要用于音/视频信号的传输，比如倒车影像。

六　汽车网络系统

表 6-1 对各种网络在通信速率和汽车应用方面进行了详细比较，其中"●"表示采用的通信方式。纯电动汽车的整车控制器（Vehicle Control Unit，VCU）、变频器内置的电机控制器（Motor Control Unit，MCU）、带有车辆稳定控制功能（Vehicle Stability Control，VSC）的防抱死制动控制单元（Anti-lock Brake System，ABS）、电动转向控制单元（Electrical Power Steering，EPS）、减速器驻车档控制（Parking Control Unit，PCU）、电池管理系统（Battery Management System，BMS）等在未来或将采用更快传输速率的 FLEXRAY 通信方式。

表 6-1　汽车网络标准

等级	通信速率	汽车应用	LIN	CAN	FLEXRAY	MOST
A	10~125kbit/s	传感器向控制单元发送数据 控制单元向执行器发送数据	●			
B	125kbit/s~1Mbit/s	控制单元和控制单元间传递数据 重要传感器和控制单元间传递数据		●		
C	1~10Mbit/s	在配有辅助驾驶系统的汽车上，用于转向控制、制动控制，以及四轮驱动和悬架控制上		●	●	
D	10Mbit/s 以上	在配有光纤通信的高档轿车上，用于汽车导航、电视调谐器、收音机、DVD、音响功率放大器间的通信等				●

> **完成任务** MOST 总线通信速率最快，为什么不在汽车上全用 MOST 通信，还存在其他通信方式？

任务二　了解 LIN 总线

一　LIN 总线简介

LIN（Local Interconnect Network）是一种低成本的串行通信网络，适用于汽车中的分布式电子系统控制。LIN 的目标是为现有汽车网络（例如 CAN 总线）提供辅助功能。因此，LIN 总线是一种辅助的串行通信总线网络。在不需要 CAN 总线的带宽和多功能的场合，比如智能传感器和制动装置之间的通信，使用 LIN 总线可大大节省成本。

在 LIN 技术规范中，除定义了基本协议和物理层外，还定义了开发工具和应用软件接口。LIN 通信基于 SCI（UART）数据格式，采用单主控制器/多从设备的模式，主机和从机间仅使用一根 12V 信号总线通信，主机和从机内部各有一个频率相同的时钟，主机和从机因无固定的时间开始基准，需要 12V 为 0V 的同步时钟信号。

这种低成本的串行通信模式和相应的开发环境已经由 LIN 协会制定成标准。LIN 的标准化将使汽车制造商以及供应商降低成本。

> **完成任务** LIN 是什么的缩写？LIN 是单线通信还是双线通信？LIN 的电压为 12V 还是 5V？LIN 是否属于串行异步通信？

二　LIN 主要特性

1）传输速率最高可达 20kbit/s。
2）采用单主机多从机模式，无需总线仲裁机制。
3）改变 LIN 从节点的硬件和软件就可以在网络上增加节点。通常一个 LIN 网络上节点数目最多为 16 个，过多时阻抗变差，为了使工作良好，实际上应小于 12 个。目前应用 LIN 最多的系统为空调系统。
4）低成本。基于通用串行通信接口，几乎所有微控制器都具备 LIN 必需的硬件。从节点不需晶振或陶瓷振荡器就能实现自同步，节省了从设备的硬件成本。

> **完成任务** LIN 的最高速率是多少？LIN 的帧长度是固定的吗？

三　LIN 的通信规则

一个 LIN 网络由一个主节点，一个或多个从节点组成。所有从节点都有一个从通信任务，该通信任务分为发送任务和接收任务。主节点则有一个主发送任务。一个 LIN 网络上的通信总是由主节点的主发送任务发起的，主控制器发送一个起始报文，该起始报文由同步断点、同步字节、消息标识符所组成。相应的在接收并且滤除消息标识符后，一个从任务被激活并且开始本消息的应答传输。该应答由 2（或 4 和 8）个数据字节和一个校验码组成。起始报文和应答部分构成一个完整的报文帧。

由于 LIN 报文帧由报文标识符指示其组成，所以这种通信规则可以采用多种方式进行数据交换：

1）由主节点到一个或多个从节点。
2）由一个从节点到主节点或其他的从节点。
3）通信信号可以在从节点之间传播，而不经过主节点或者通过主节点广播消息到网络中所有的从节点。需要明确的是，报文帧的时序由主机控制。

四 LIN 应用场合

典型的 LIN 总线主要应用在汽车中的联合装配单元，如车门、转向器、座椅、空调、照明灯、湿度传感器、交流发电机等。这些单元对成本比较敏感。LIN 可以使机械组件，如智能传感器、制动器或光敏器件得到较广泛的使用。这些组件可以很容易地连接到汽车网络中，并且维护和服务十分方便。用 LIN 实现的系统中，通常用数字信号量替换模拟信号量，这将使总线性能优化。

以下是汽车电子控制系统成功使用 LIN 的实例。
1）车内和车顶：车内湿度和温度传感器、后视镜光敏和雨滴识别传感器、汽车天窗控制。
2）车门：左后和右后门集中控制、后舱门集中控制。
3）发动机舱：空调压力 LIN 传感器、LIN 发电机和发动机通信。
4）方向盘：转向开关、风窗玻璃刮水、收音机控制、空调控制。

技师指导 LIN 总线本质是单片机的串行异步通信，智能传感器内置了微控制器，传感器上的微控制器功能相对简单，把传感器信号变为数字信号后，主要是向上级微控制器传送，由上级微控制器处理分析这些数据。

五 LIN 端口工作原理

LIN 总线的接口电路如图 6-10 所示，蓄电池电压为 12V，LIN 总线主机端电阻典型为 1kΩ，从机端电阻为 30kΩ。

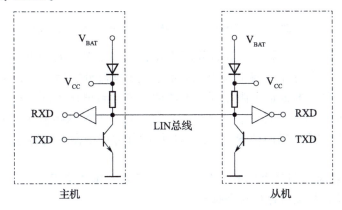

图 6-10 LIN 总线的接口电路图

LIN 总线工作原理：由于电路结构对称，这里仅以主机向从机发送信息为例进行讲解。

① TXD 为高电位时，晶体管导通，总线电压为低电压，低电压经在从机侧的反向器变为高电位，RXD 接收为高电位。

② TXD 为低电位时，晶体管截止，总线电压为高电压，低电压经在从机侧的反向器变为低电位，RXD 接收为低电位。

③ 当主机和从机间无信息传递时，主机和从机内的晶体管不导通，因此总线体现为 12V 电位的空闲状态。当关闭点火开关后，LIN 总线仍会传递信息，但几秒钟后总线会出现 12V 的空闲电位。

六 LIN 总线的自动寻址原理

在诸如自动空调的风门控制功能中，各气道的风门采用伺服电机或步进电机控制。为了让其 LIN 控制单元地址能被主控制单元（空调控制面板中）识别，各分 LIN 控制单元首先要识别自身是哪个空气通道的伺服电机控制单元，空气通道上的伺服电机地址是确定的，在打开点火开关初始化时应自动识别伺服电机地址码，并向主机发送自己的地址码。只有各伺服电机找到了对应自己的地址后才能进行极限位置的基本设置，即"先寻址再基本设置"。

LIN 总线的自动寻址结构：如图 6-11 所示，LIN 总线接空调控制单元（主控单元），四个空气风门电机为从 LIN 控制单元，LIN 从控制单元内分别内置地址电阻相同的 R_{11}、R_{12}、R_{13}、R_{14}，接地电阻分别为 R_{21}、R_{22}、R_{23}、R_{24}。

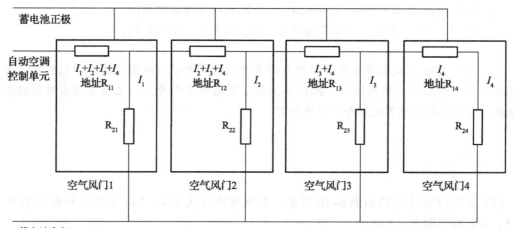

图 6-11 自动空调风门电机的 LIN 总线自动寻址原理

自动寻址过程：由于接地电阻的分流作用，在各 LIN 从控制单元中的地址电阻 R_{21}、R_{22}、R_{23}、R_{24} 的分流作用下，各 LIN 单元的地址电阻电流分别为 $I_1+I_2+I_3+I_4$、$I_2+I_3+I_4$、I_3+I_4、I_4，由于各从控制单元的地址电阻相同，电流的不同导致电压不同，这样相同的风门电机控制单元可用到不同的空气通道上，实现气流控制，每个 LIN 从控制单元通过地址电阻的电压来识别自己被安装在哪个风门位置上，这样相同的部件可用在不同的位置。

> **技师指导** 更换风门伺服电机时，要进行基本设定，保证空调主控单元能识别电机的极限位置，并通过位置反馈存储这个位置。

七、大众 LIN 总线

大众汽车上各个 LIN 总线系统之间的数据交换是由控制单元通过 CAN 数据总线实现的。LIN 总线系统是单线式总线，底色是紫色，有标志色。该线的横截面面积为 $0.35mm^2$，无须屏蔽。该系统可让一个 LIN 主控制单元与最多 16 个 LIN 从控制单元进行数据交换。

1. LIN 主控制单元

如图 6-12 所示，空调控制单元连接在 CAN 数据总线上，它执行 LIN 的主控功能，作用是监控数据传递和数据传递的速率，发送信息标题。该控制单元的软件内已经设定了一个周期，这个周期用于决定何时将哪些信息发送到 LIN 数据总线上多少次。空调控制单元在 LIN 总线与 CAN 总线之间起"翻译"作用，它是 LIN 总线系统中唯一与 CAN 数据总线相连的控制单元。通过 LIN 主控制单元进行与之相连的 LIN 从控制单元的自诊断。

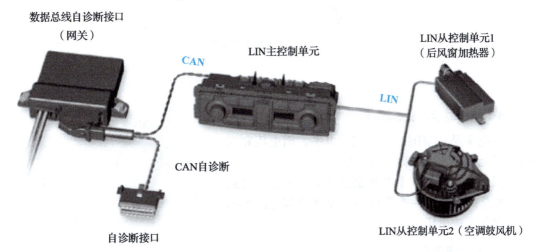

图 6-12　LIN 主控制单元作用

2. LIN 从控制单元

如图 6-13 所示，在 LIN 数据总线系统内，单个的控制单元（如新鲜空气鼓风机）或传感器及执行组件（如水平传感器及防盗警报蜂鸣器）都可看作 LIN 从控制单元。传感器内集成有一个电子装置，该装置对测量值进行分析。数值是作为数字信号通过 LIN 总线传递的。

> **技师指导**　请读出空调系统中的电机、位置传感器、电机温度、两个开关的数据流。

如图 6-14 所示，有些传感器和执行组件只使用 LIN 主控制单元插口上的一个针脚。LIN 执行组件都是智能型的电子或机电部

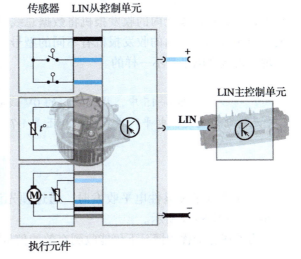

图 6-13　LIN 从控制单元作用

件,这些部件通过 LIN 主控制单元的 LIN 数字信号接受任务。LIN 主控制单元通过集成的传感器来获知执行组件的实际状态,然后就可以进行规定状态和实际状态的对比。只有当 LIN 主控制单元发送出标题后,传感器和执行组件才会做出反应。数据传递速率为 1~20kbit/s,在 LIN 控制单元的软件内已经设定完毕,该速率最大能达到舒适 CAN 数据传递速率的五分之一。

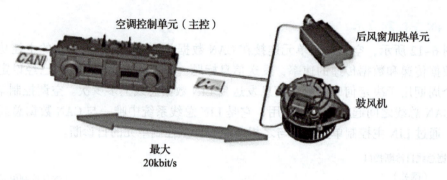

图 6-14 数据传递速率

3. 信号

（1）隐性电平定义

隐性电平是和空闲电平相同的电平,因电压和空闲电压间无差距,所以称为隐性电平。

如果无信息发送到 LIN 数据总线上,或者发送到 LIN 数据总线上的是一个隐性位,那么数据总线上的电压就是蓄电池电压。

（2）显性电平定义

显性电平是和空闲电平相反的电平,因电压差距大,所以称为显性电平。

如图 6-15 所示,为了将显性位传到 LIN 数据总线上,发送控制单元内的收发报机将数据总线导线接地。由于控制单元内的收发报机有不同的型号,所以表现出的显性电平是不一样的。

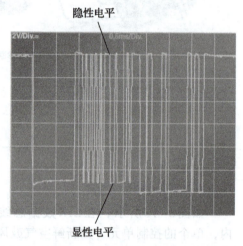

图 6-15 显性电平和隐性电平

完成任务 在图 6-15 中,找到波形的 0V 线和 12V 线,并在图中用三角号标出。显性电平是高电平还是低电平？代表数据 0 还是 1？

4. 传递安全性

在隐性电平和显性电平收发时,通过预先设定的公差值来保证数据传输的稳定性,如图 6-16 和图 6-17 所示。

为了在有干扰的情况下仍能收到有效的信号,接收的允许电压值要稍高一些。

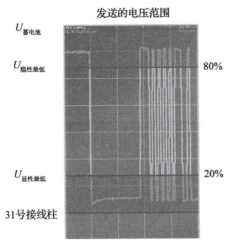
图 6-16 发送的电压范围

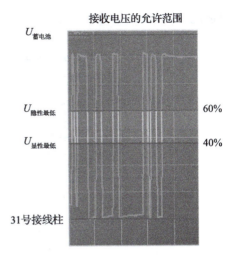
图 6-17 接收的电压范围

5. 信息

（1）带有从控制单元回应的信息

LIN 主控制单元要求 LIN 从控制单元发送的信息标题内包含这样一些信息，如开关状态或测量值。该回应由 LIN 从控制单元来发送。

（2）带有主控制单元命令的信息

如图 6-18 所示，LIN 主控制单元通过标题内的标志符来要求 LIN 从控制单元使用包含在回应内的数据。该回应由 LIN 主控制单元来发送。

（3）信息标题

信息标题由 LIN 主控制单元按周期发送。

信息标题分为四部分：同步暂停区、同步分界区、同步区、识别区。

① 同步暂停区（synch break）的长度至少为 13 位（二进制），它以显性电平发送。13 位的长度是必需的，这样才能准确地通知所有的 LIN 从控制单元有关信息起始点的情况。其他的信息是以最长为 9 位（二进制）一个接一个传递的。

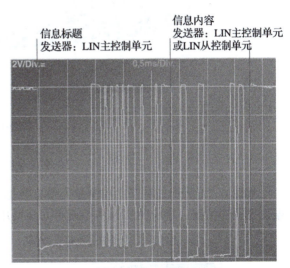
图 6-18 信息标题和信息内容

② 同步分界区（synch delimiter）至少为一位（二进制），且为隐性。

③ 同步区（synch field）由 0101010101 这个二进制位序构成，所有的 LIN 从控制单元通过这个二进制位序与 LIN 主控制单元进行匹配。所有控制单元同步对于保证正确的数据交换是非常必要的。如果失去了同步性，那么接收到的信息中的某一数位值就会发生错误，该错误会导致数据传递错误。

④ 如图 6-19 所示，识别区的长度为 8 位（二进制），头 6 位是回应信息识别码和数据区的个数。回应数据区的个数在 0~8 之间。当出现识别码传递错误时，校验可防止与错误的

信息适配。

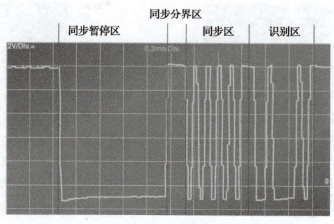

图 6-19　信息结构

（4）信息内容（回应）

如图 6-20 所示，对于带有从控制单元回应的信息，LIN 从控制单元会根据识别码给这个回应提供信息。

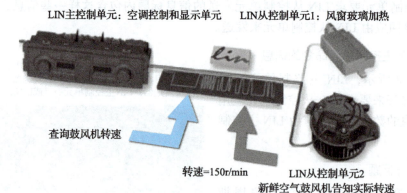

图 6-20　信息内容（回应）

如图 6-21 所示，对于主控制单元带有数据请求的信息，LIN 主控制单元会提供回应。根据识别码的情况，相应的 LIN 从控制单元会使用这些数据去执行各种功能。

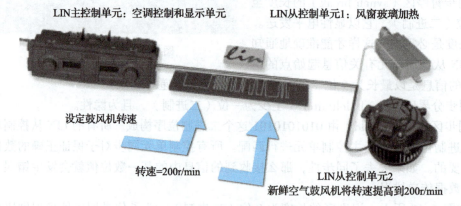

图 6-21　信息内容（数据请求）

如图 6-22 所示，这个回应由 1~8 个数据区构成，每个数据区是 10 个二进制位，其中一个是显性起始位，一个是包含信息的字节，一个是隐性停止位。起始位和停止位是用于再同步避免传递错误的。

（5）信息的顺序

如图 6-23 所示，LIN 主控制单元的软件内已经设定了一个顺序，LIN 主控制单元就按这个顺序将信息标题发送至 LIN 总线上（如是主信息，发送的是回应）。常用的信息会多次传递。LIN 主控制单元的环境条件可能会改变信息的顺序。

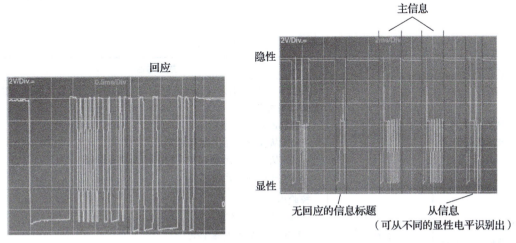

图 6-22 回应脉冲波形　　　　　图 6-23 信息的顺序

环境条件示例：点火开关接通／关闭；自诊断已激活／未激活；停车灯接通／关闭。

为了减少 LIN 主控制单元部件的种类，主控制单元会将全部控制单元的信息标题发送到 LIN 总线上。如果没有安装专用设备控制单元，那么在示波器屏幕上会出现没有回应的信息标题。

6. 防盗系统

如图 6-24 所示，只有当 LIN 主控制单元发送出带有相应识别码的信息标题后，数据才

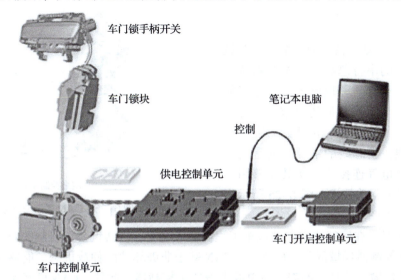

图 6-24 车门开启控制单元

会传至 LIN 总线。由于 LIN 主控制单元对所有信息进行全面监控，所以无法从车外对 LIN 进行直接控制开门。LIN 从控制单元只有按主控制单元的要求进行上传和执行，就不会通过 LIN 总线而打开车门了。这种布置就使得在车外安装 LIN 从控制单元（如在前保险杠内的车门开启控制单元）成为可能。

7. 自诊断

对 LIN 数据总线系统进行自诊断需使用 LIN 主控制单元的地址码。自诊断数据经 LIN 总线由 LIN 从控制单元传至 LIN 主控制单元。在 LIN 从控制单元上可以完成所有的自诊断功能，见表 6-2。

表 6-2 LIN 总线自诊断功能

故障位置	故障内容	故障原因
LIN 从控制单元，例如鼓风机调节器	无信号/无法通信	在 LIN 主控制单元内已规定好的时间间隔内 LIN 从控制单元数据传递有故障 - 导线断路或短路 - LIN 从控制单元供电有故障 - LIN 从控制单元或 LIN 主控制单元型号错误 - LIN 从控制单元损坏
LIN 从控制单元，例如鼓风机调节器	不可靠信号	校验出错 传递的信息不完整 - LIN 导线受到电磁干扰 - LIN 导线的电容和电阻值改变了（例如插头壳体潮湿或脏污） - 软件故障（备件型号错误）

任务三 了解 CAN 总线

一 概述

1. CAN 总线简介

在 1980 年早期，博世公司的工程师就开始论证当时的串行总线用于客车系统的可行性。因为没有一种现成的网络方案能够完全满足汽车工程师们的要求，于是，在 1983 年初，Uwe Kiencke 开始研究一种新的串行总线。新总线的主要方向是增加新功能、减少电气连接线，使其能够用于产品，而非用于驱动技术。图 6-25 所示为 CAN 通信的示意图。

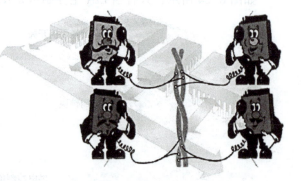

网络控制单元数据交换

图 6-25 CAN 通信示意图

1986 年 2 月，在底特律举办的汽车工程协会大会上，由博世公司研制的新总线系统被称为"汽车串行控制器局域网"（CAN）。CAN 基于非破坏性的仲裁机制，能够确保高优先级报文的无延迟传输。并且，不需要在总线上设置主控制器。此外，CAN 已经实现了数种错误检测机制。该错误检测包括自动断开故障节点功能，以确保剩余节点之间的通信。传输的报文并非一定根据报文发送器/接收器的节点地址识别（其他的总线几乎都是如此），而是根据报文的内容识别。同时，用于识别报文的标识符也规定了该报文在系统中的优先级。

在 1990 年早期，博世 CAN 规范（CAN2.0 版）被提交给国际标准化组织。在经过数次讨论之后，应一些主要汽车厂商的要求，增加了"Vehicle Area Network（VAN）"内容，并于 1993 年 11 月出版了 CAN 的国际标准 ISO 11898。除了 CAN 协议外，它也规定了最高至 1Mbit/s 时的物理层。同时，在 ISO 11519-2 中也规定了 CAN 数据传输中的容错方法。

1995 年，ISO 11898 进行了扩展（CAN2.0B），以附录的形式说明了 29 位 CAN 标识符。

2000 年后，一个由数家公司组成的 ISO 任务组织定义了一种时间触发 CAN 报文传输的协议（TTCAN），计划标准化为 ISO 11898-4。因为 CAN 协议并未改变，所以在同一个物理层上，既可以实现传输时间触发的报文，也可以实现传输事件触发的报文。

 CAN 是什么的缩写？CAN2.0A 的标识符为多少位？CAN2.0B 的标识符为多少位？

2.CAN 总线工作原理

（1）低速 CAN 总线工作原理

如图 6-26 所示，如控制单元 1 向控制单元 2 发送数据，数据 1 或 0 通过微控制器的引脚以高、低两种电压脉冲发出，经过起保护和增大带载功能的反向器（图 6-26 中 A）将高、低两种脉冲转为低、高两种脉冲作用至开关管 VT1 和 VT2 上。

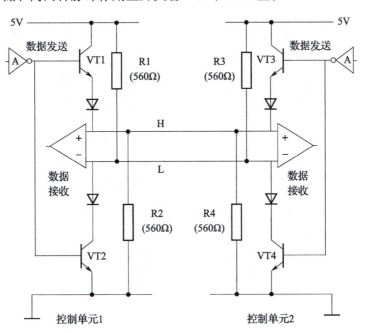

图 6-26　低速 CAN 总线工作原理

在控制单元发出数据 1（高电平）时，经反向器为 0，VT1 和 VT2 导通，经过电路计算电压可得 CAN-H 线电压为接近 5V，CAN-L 线电压为接近 0V，比较器的正向输入（+）大于反向输入（-）端。在控制单元 2 的比较器输出为 1（高电平）。

在控制单元发出数据 0（低电平）时，VT1 和 VT2 截止，经过电路计算电压可得 CAN-H 线电压为接近 0V，CAN-L 线电压为接近 5V，比较器的反向输入（-）大于同向输入（+）端。在控制单元 2 的比较器输出为 0（低电平）。

当一根 CAN 总线断线时，另一根仍能正常产生高低电压脉冲，由于比较器的关系，仍可以正确接收信息，这种情况称为总线的单线运行模式。

低速 CAN 的数据和脉冲对应关系见表 6-3，波形如图 6-27 所示。

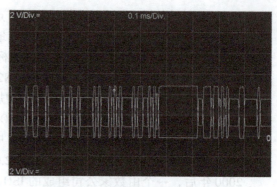

图 6-27 大众低速 CAN 总线示波波形

表 6-3 低速 CAN 的数据和脉冲对应关系

CAN		显性（0）	隐性（1）
低速 CAN	CAN-H	1V	5V
	CAN-L	4V	0V

（2）高速 CAN 的端口工作原理

高速 CAN 总线工作原理如图 6-28 所示。

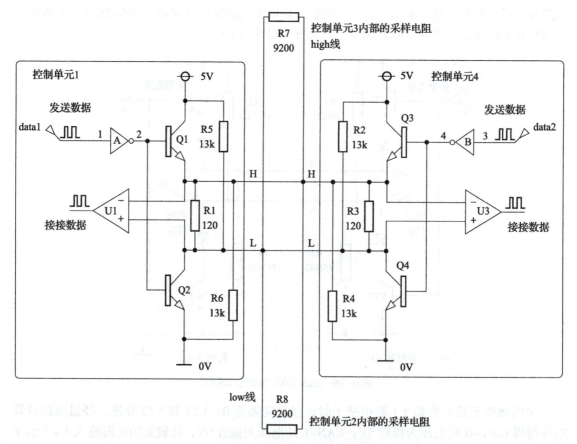

图 6-28 高速 CAN 总线工作原理

① 如控制单元 1 向控制单元 2 发送数据,数据 1 或 0 通过微控制器的引脚以高、低两种电压脉冲发出,经过起保护和增大带载功能的反向器(图 6-28 中 A)将高、低两种脉冲转为低、高两种脉冲作用至开关管 Q1 和 Q2 上。

② 在控制单元发出数据 1 时,Q1 和 Q2 不导通,经过电路计算电压可得 CAN-H 线电压为 2.5V,CAN-L 线电压为 2.5V。在接收侧控制单元 2 内的 U3 为反向比较器,比较输出为 1。

③ 在控制单元发出数据 0 时,Q1 和 Q2 导通,经过电路计算电压可得 CAN-H 线电压为 3.5V,CAN-L 线电压为 1.5V。在接收侧控制单元 2 内的 U3 为反向比较器,比较输出为 1。

(3)显性和隐性

高速 CAN 中数据为"0"时,CAN-H 和 CAN-L 之间有明显的电压差(3.5-1.5=2V),两个波形很好辨别,电压高的波形是 CAN-H,低的是 CAN-L,所以称为"显性"。

数据为"1"时,CAN-H 和 CAN-L 之间有不明显的电压差(2.5-2.5=0V),两个波形几乎重合,很难分出谁是 CAN-H,谁是 CAN-L,所以称为"隐性"。隐性代表数据 1。

高速 CAN 的数据和脉冲对应关系见表 6-4,高速 CAN 总线波形如图 6-29 所示。

表 6-4 高速 CAN 的数据和脉冲对应关系

CAN		显性(0)	隐性(1)
高速 CAN	CAN-H	3.5V	2.5V
	CAN-L	1.5V	2.5V

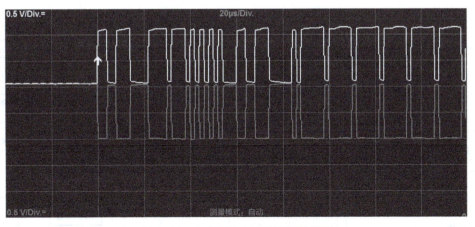

图 6-29 大众高速 CAN 总线示波波形

二、网关

1. 网关功能

网关(Gateway)是网络系统中最重要的组件,它的功能如下。

(1)不同网段的信息交换

不同速率的网段之间通过网关进行连接,从而实现了不同网段间信息的交换,网段的信息速率可以相同,也可不同。

设立网关是由于不同区域 CAN 总线的速率和识别代号不同,因此一个信号要从一个总线进入到另一个总线区域,必须把它的识别信号和速率进行改变,以便能够让另一个系统接受,这个任务由网关来完成。

> **技师指导** 一个500kbit/s的数据脉冲宽度为2μs,同一个脉冲在125kbit/s的网络里最多识别为一个1或0。反过来,一个125kbit/s的数据脉冲宽度为8μs,同一个脉冲在500kbit/s的网络里会识别为1111或0000。

（2）改变信息的优先级

如车辆发生相撞事故,气囊控制单元会发出碰撞信号,这个信号的优先级在驱动系统非常高,但转到舒适系统后,网关调低了它的优先级,因为它在舒适系统的功能只是打开门和灯。

（3）降低网络的节点数,增加电控单元在网数量

没有网关时,全车的控制单元通信采用一套CAN总线,网络的节点（控制单元）数会受到限制。当网络节点数较多时,可采用网关将一个节点数量多的CAN网分为两个节点数量少的CAN网,形成两个网段,或更多网段。

> **技师指导** 电动汽车网关可集成在整车控制单元（VCU）内部,也可集成为汽车基本电气控制单元（BCM）内部,也有采用独立网关的。

一般汽车网关控制单元为整车控制单元（VCU）。如图6-30所示,吉利EV300纯电动汽车网关在VCU中,网速为500kbit/s。

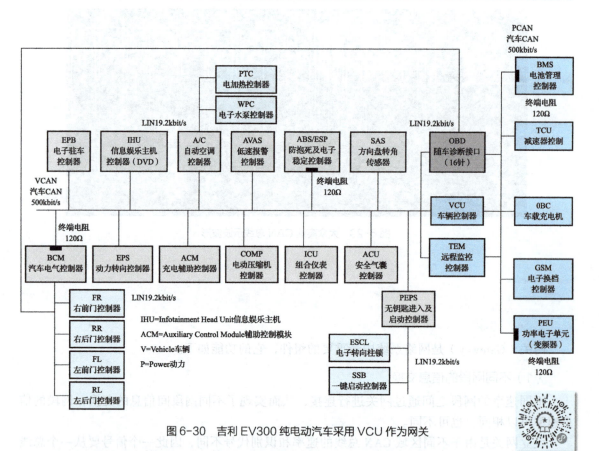

图6-30 吉利EV300纯电动汽车采用VCU作为网关

有的车型采用基本电气控制单元（BCM）作为网关,如图6-31所示。

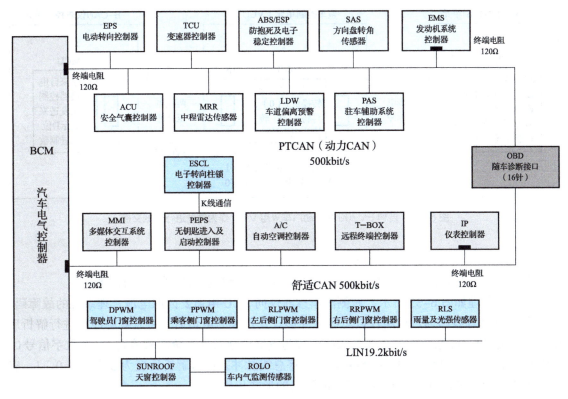

图 6-31 吉利 EV450 纯电动汽车采用 BCM 作为网关

2. 网段

在燃油汽车上，为降低网络成本以及由于某些控制单元的数据信息刷新率低，一般一辆汽车通常网络由几个网段组成，三个网段时分别是动力系统、车身控制系统和音响娱乐系统。动力系统采用高速 CAN 通信，车身控制系统及音响娱乐系统采用低速 CAN 进行通信。这里的高速 CAN 通常指通信速度高于 125kbit/s 的网络，如 250kbit/s 和 500kbit/s；低速 CAN 则是指通信速度小于等于 125kbit/s 的网络，如 125kbit/s、64kbit/s、50kbit/s 等。

电动汽车从 2015 年开始才大批量生产，这个时间点 500kbit/s 速率的 CAN 总线应用最多，即全车 CAN 采用 500 kbit/s 速率，这时采用不同网段是为了避免一个网段承受过多的控制器。

3. 整车控制单元（VCU）的网关功能

在纯电动汽车上，一般采用 VCU 实现低速网段控制单元（B-CAN）和高速网段控制单元（P-CAN）的通信。

其工作原理如图 6-32 所示。为了说明网关的功能，假定高速网（P-CAN）为低速网（B-CAN）速度的五倍，网段 P-CAN 的电子换档控制单元（也称线控变速杆单元）将代表变速杆位置（例如 D）的数字数据以总线脉冲形式 0（3.5V 和 1.5V 的 2V 脉冲差）、1（2.5V 和 2.5V 的 0V 脉冲差）向右发过来，VCU 将总线脉冲差进行解析后变换为数字信号，将 3.5V 和 1.5V 的 2V 脉冲差转换为 0，将 2.5V 和 2.5V 的 0V 脉冲差转换 1，数字信号 0、1 代表的内容仍为变速杆位置的数字数据。这个数字数据 0、1 被 VCU 通过右侧 B-CAN 变为总线脉冲，仪表控制单元将总线脉冲电压差进行解析后变为数字数据 0、1。仪表查得这个数字数据为字母 D，仪表驱动显示器显示 D 位。

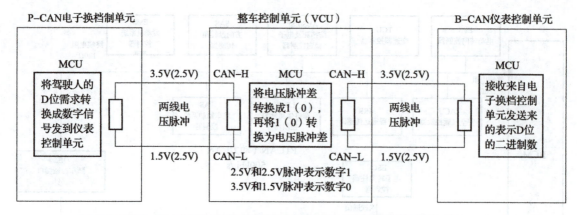

图 6-32　吉利 EV300 纯电动汽车采用 VCU 作为网关进行数据交换

4. 整车控制单元（VCU）自诊断功能

在纯电动汽车上，诊断仪连接在 VCU 上，实现对汽车所有电控单元的诊断。

其工作原理如图 6-33 所示，右侧汽车诊断仪向 VCU 申请要读取电池管理系统的故障码，VCU 接收到修理技师通过诊断仪以总线脉冲形式发过来的申请后，将总线脉冲差进行解析后变为数字信号 0、1，数字信号 0、1 代表的内容为读取电池管理系统的故障码，这个数字信号 0、1 被 VCU 向左变为总线脉冲，电池管理系统将总线脉冲差进行解析后变为数字信号 0、1，查得这个内容为要将自身诊断出的故障以故障码的形式传出。

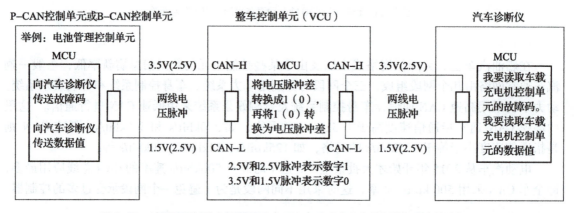

图 6-33　诊断仪通过整车控制单元（VCU）实现全车自诊断数据内容的读取

电池管理系统将自身数字化的故障码向右变换为总线脉冲，VCU 将总线脉冲差进行解析后变为数字信号 0、1。VCU 将代表故障码的数字信号 0、1 向右转换成总线脉冲，诊断仪将总线脉冲差进行解析后变为数字信号 0、1，并从诊断仪自身的数据库查得这个故障码具体的内容是什么，并将这个查得的具体内容以解析后的故障码形式显示在诊断仪的屏幕上。

三　CAN 总线电阻

1. 总线电阻原则

（1）终端电阻

终端电阻是网络两端双绞线距离最远的两控制单元内的电阻，对总线的电阻起主要作用，终端电阻通常为120Ω。

（2）端电阻

端电阻是指两端之间的控制单元内部电阻，一般在几千欧姆到几十千欧姆之间，对总线的总电阻起次要作用，通常两个终端控制单元有一个是网关。

（3）总线总电阻原则

在图6-34中，控制单元2、3、4内部有与控制单元1相同的硬件结构，这里若把控制单元1作为网关，控制单元1的终端电阻R_1为120Ω，空间距离控制单元1最远的控制单元2的终端电阻R_3也应为120Ω，因为总线电阻大小是有要求的，即一个网段所有控制单元

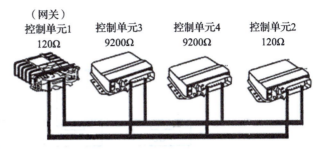

图6-34　总线终端电阻原则

终端电阻并联为60Ω，两个120Ω电阻并联，已经为60Ω，为了接入控制单元3和4，控制单元3和4的终端电阻就要大得多，这样才会不影响设计对于所有控制单元终端电阻并联为60Ω的要求。

$$\frac{1}{R_1}+\frac{1}{R_3}+\frac{1}{R_2}+\frac{1}{R_4}=\frac{1}{R} \tag{6-1}$$

式（6-1）中R可近似得60Ω。

> **技师指导**　小问题和大问题：在图6-34所示四个控制单元中，分析为什么控制单元3和控制单元4的CAN-H或CAN-L线路断路，只会出现小问题；而控制单元1和控制单元2的CAN-H或CAN-L线路断路则会出现大问题。

2. 终端电阻测量

断开电源等待至少5min，待CAN网络上的控制器内部的电容元件放电完毕，测量动力总线总的电阻值，约为60Ω（测量点可选择在OBD接口上，也可断开一个非终端的控制器，从这个控制器的线束端测量），说明总线远端的终端控制器并没有从总线上脱开。

若测得总线总电阻值为120Ω，说明有一个终端控制器从总线上脱开了，首先要使终端控制器重新连接在CAN网络上。

> **技师指导**　有的汽车维修技师通过拆下相对应的控制单元，测量终端电阻值是否为120Ω来判别是否是终端控制单元，这是判别网络架构的一个好办法。

> **完成任务**　根据图6-35，测量动力系统总线的总电阻。断开离网关最远的控制单元后再测量一下电阻是多少。终端电阻和端电阻在控制单元内部，一般不会损坏。实际测量总电阻一般是用来确认终端控制单元是否在总线上，因为这样总电阻会变大，例如接近120Ω。

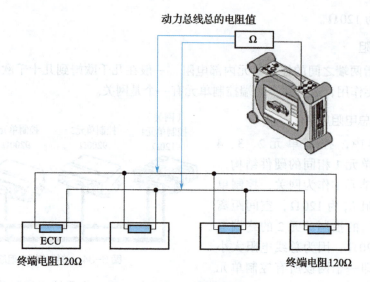

图 6-35 CAN 总线总电阻测量

四 CAN 格式

CAN 协议的 2.0A 版本规定 CAN 控制器必须有一个 11 位的标志符。同时,在 2.0B 版本中规定,CAN 控制器的标志符长度可以是 11 位或 29 位。遵循 CAN2.0B 协议的 CAN 控制器可以发送和接收 11 位标识符的标准格式报文或 29 位标识符的扩展格式报文。如果禁止 CAN2.0B,则 CAN 控制器只能发送和接收 11 位标识符的标准格式报文,而忽略扩展格式的报文结构,但不会出现错误。

1. 数据长度

CAN2.0A 传递的信息最大长度为 108bit,所传递的每个完整信息由七个域构成,如图 6-36a 所示。

> **技师指导** 可以通过测量总线的数据帧长度判别最大长度,例如在舒适总线中一帧的长度为 $108 \times 8\mu s = 864\mu s$,这可以通过示波器的光标测量尺测量出来。

如图 6-36b 所示,CAN2.0B 传递的状态域增加了 18 位,所以信息最大长度为 126bit。

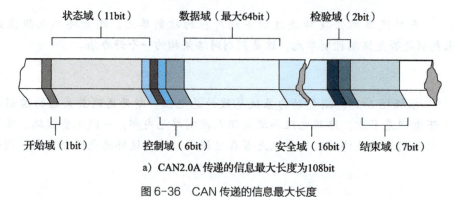

a) CAN2.0A 传递的信息最大长度为 108bit

图 6-36 CAN 传递的信息最大长度

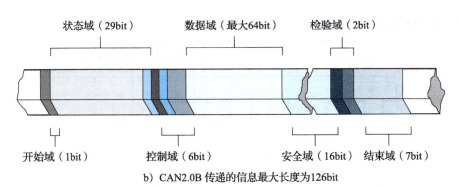

b）CAN2.0B 传递的信息最大长度为126bit

图 6-36　CAN 传递的信息最大长度（续）

2. 信息结构

① 开始域：将要向 CAN 总线发送信息的标志。大小为 1bit，状态为显性。
② 状态域：包括信息标识符（CAN2.0A 为 11bit，CAN2.0B 为 29bit），确定信息的优先权。
③ 控制域（检查域）：表示数据的大小，即字节长度。
④ 数据域：要传递的信息所对应的数据（最大 64bit）。
⑤ 安全域：发送数据和接收信息的控制单元检查和比较传递信息所发生的变化（检测传递数据中的错误）。
⑥ 检验域：每个控制单元通过检验域确认已经正确接收信息，否则将重发数据。
⑦ 结束域：通过 7bit 隐性显示，表示该信息数据传递结束，这里是显示错误并重发数据的最后一次机会。

3. 优先权判定

CAN 采用非破坏总线仲裁技术。当多个节点同时向总线发送信息出现冲突时，优先级低的节点会主动退出发送，而最高优先级的节点可不受影响地继续传输数据，从而大大节省了总线冲突仲裁时间。尤其是在网络负载很重的情况下，也不会出现网络瘫痪的情况。

所有控制单元同时开始向 CAN 总线双绞线上发送信息时，为了避免数据碰撞，在 11bit 的状态域中预先定义数据的优先权，显性电位（数据 0）越多，说明其优先权级别越高。发送隐性电位的控制单元，若检测到一个显性电压（CAN-H 线为 3.5V，CAN-L 线为 1.5V），那么该控制单元停止发送转为接收。

图 6-37 所示是一个仲裁过程的例子，图的上栏是 CAN 总线消息的结构，它包括：SOF（Start of Frame，帧起始符）、ID、RTR（Remote Transmission Request，远程传输请求）、控制场和数据场。SOF 的显性电平是仲裁过程的起始点，仲裁是在三个具体的网络节点之间进行的，要对它们的 ID 位值进行比较。

仲裁的基本原理是，每个参与仲裁的节点要将自己的 ID 与总线上当时呈现的位进行比较。如果一个节点（电控单元或控制器）遭遇总线上的显性低电平，而它本身发送的是一个隐性高电平，则由于它的这个低优先级，这个节点会把自己的发送请求从总线上撤回，同时转为接收状态。图中例子的第 5 位和第 2 位就是这种情况，获得"胜利"的节点在仲裁结束后不必再重发消息了，这种方法也称"无损仲裁"。11 位 ID 的高位先发送。11 位 ID 作为一个数，数值越小优先级越高。

例如，在图 6-37 中，节点 1 的某帧信息的优先权为 11001011111，节点 2 的某帧信息的优先权为 11001111111，节点 3 的某帧信息的优先权为 11001011001，节点 3 优先权数值最小，则节点 3 的控制单元抢线成功。

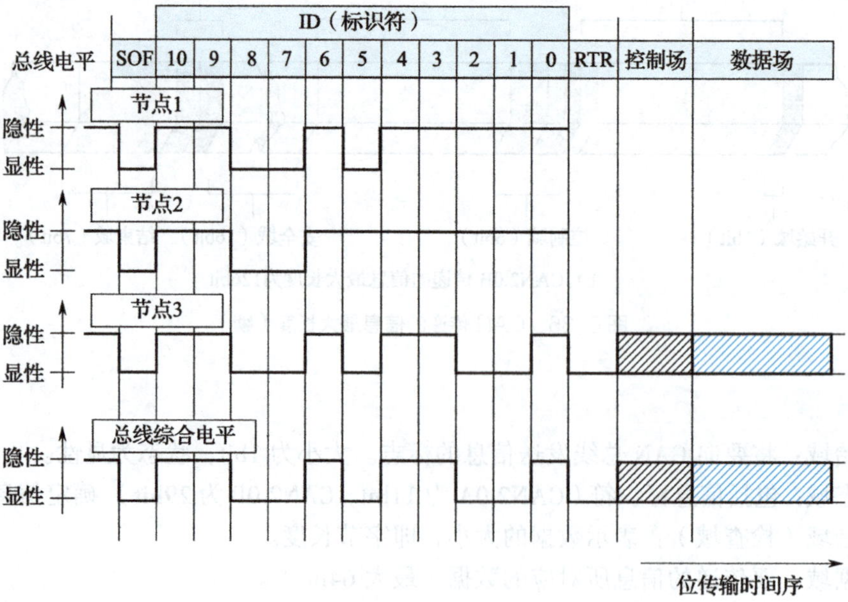

图 6-37　CAN 总线某节点的某条信息的优先权判定

4. 传输距离

在 CAN 总线中，以报文为单位进行信息传递且各节点使用相同的位速率。CAN 总线上任意两个节点之间的最大通信距离与位速率有关，表 6-5 列出了相关的数据。这里的最大通信距离指的是同一总线上两节点间的距离，过长的传输距离影响可靠性。

表 6-5　CAN 总线任意两个节点间的最大通信距离

位速率/(kbit/s)	1000	500	250	125	100	50	20	10	5
最大距离/m	40	130	270	530	620	1 300	3 300	6 700	10 000

五　CAN 总线诊断与检修

1. CAN 总线自诊断

（1）与 CAN 总线系统相关的 ECU 工作状态描述

连接在 CAN 总线上的 ECU 的工作状态很大程度上决定了 CAN 总线的使用情况，并且 ECU 工作状态之间的切换涉及信息列表中各信息的优先级设置、总线的唤醒策略和故障排除与自修复等问题。该系统中 ECU 的工作状态分为上电诊断状态、正常工作状态、休眠状态、总线关闭状态、掉电状态、调试及编程状态 6 类。

1）上电诊断状态。ECU 上电后，应有一个初始化过程。在完成本模块的初始化后，应发送网络初始化信息，同时监听其他节点的网络初始化信息。通过网络初始化信息的交换，ECU 判断整个网络是否完成初始化过程，是否能够进入正常工作状态。

2）正常工作状态。在正常工作状态下，ECU 之间通过 CAN 总线进行通信，以实现传感器测量数据的共享、控制指令的发送和接收等。当休眠条件满足时，ECU从正常工作状态转入休眠状态；当CAN模块故障计数器的计数值为255时，ECU从正常工作状态转入总线关闭状态。

3）休眠状态。休眠状态下，ECU及其模块处于低功耗模式。一旦接收到本地唤醒信号（本地触发信号）或远程唤醒信号（CAN总线激活信号），就从休眠状态转入正常工作状态，其间需要使用网络初始化信息。

4）总线关闭状态。处于总线关闭状态的ECU延迟一段时间后，复位CAN模块，然后重新建立与CAN总线的连接。若连续几次都无法正常通信，则ECU尝试将通信转移到备用总线上。若转移成功，则发送主总线故障信息。

5）掉电状态。关闭电源时，ECU所处的状态。

6）调试及编程状态。调试及编程状态用于调试及系统软件升级。

（2）CAN双线式总线系统的检测方法

在检查数据总线系统前，须保证所有与数据总线相连的控制单元无功能故障。功能故障指不会直接影响数据总线系统，但会影响某一系统的功能流程的故障。例如传感器损坏，其结果就是传感器信号不能通过数据总线传递。这种功能故障对数据总线系统有间接的影响。这种故障会影响需要该传感器信号的控制单元的通信。如果存在功能故障，应先排除该故障。记录下该故障并消除所有控制单元的故障码。

排除所有功能故障后，如果控制单元间数据传递仍不正常，则应检查数据总线系统。检查数据总线系统故障时，须根据系统类型进行检测。

1）两个控制单元组成的双线式数据总线系统的检测

检测时，关闭点火开关，断开两个控制单元（图6-38），检查数据总线是否断路、短路或对正极／搭铁短路。如果数据总线无故障，拆下较易更换（或较便宜）的一个控制单元试一下；如果数据总线系统仍不能正常工作，则更换另一个控制单元。

2）三个以上控制单元组成的双线式数据总线系统的检测

检测时，先读出控制单元内的故障码。如果控制单元1与控制单元2和控制单元3之间无法通信（图6-39），则关闭点火开关，断开与总线相连的控制单元，检查数据总线是否断路。如果总线无故障，则更换控制单元1；如果所有控制单元均不能发送和接收信号（故障存储器存储"硬件故障"），则关闭点火开关，断开与数据总线相连的控制单元，检测数据总线是否短路，是否对正极／搭铁短路。

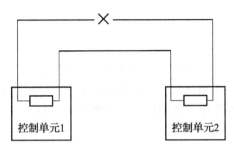

图6-38　两个控制单元组成的双线式数据
　　　　总线系统的检测

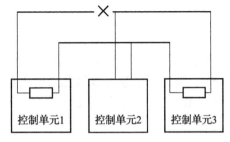

图6-39　三个以上控制单元组成的双线式数据
　　　　总线系统的检测

如果从数据总线上查不出引起硬件损坏的原因，则检查是否是由某一控制单元引起的故障。断开所有通过CAN数据总线传递数据的控制单元，关闭点火开关，接上其中一个控制单元，较早车型可连接V.A.G 1551或V.A.G 1552（T16中有K线才可用），近期车型使用VAS5051或更新的诊断仪，打开点火开关，清除刚接上的控制单元的故障码。用功能06来结束输出，关闭并再次打开点火开关。打开点火开关10s后用故障诊断仪读出刚接上的控制单元故障存储器内的内容。如显示"硬件损坏"，则更换刚接上的控制单元；如未显示"硬件损坏"，接上下一个控制单元，重复上述过程。

2. 总线睡眠和唤醒

（1）总线睡眠

睡眠模式仅存在于舒适和信息总线。在车辆落锁35s后，或不锁车但没有任何操作10min后进入睡眠模式。睡眠模式CAN-H电压为0V，CAN-L电压为12V，电流为6~8mA（非睡眠模式电流为700 mA）。

> **技师指导** 如果认为蓄电池有漏电故障时，应在总线睡眠以后再进行电测量，即示波器显示的波形进入休眠状态，再读取蓄电池放电电流的数值。

（2）总线激活

控制单元外部的15号线供电激活总线控制器开始工作，但15号线断电后，并不直接控制控制器停止工作。因为在15号线电关闭后，有些控制单元仍然需要交换信息，所以设计上在控制单元内部，用30号线常继续激活控制单元内部的15线（也称虚15号线），以保证断电后信息的正常传递。再激活功能的时间在10s到15min之间（即点火开关关闭后各控制器之间再通信的时间）。

（3）睡眠和唤醒模式的监控

当舒适和信息娱乐总线处于空闲状态时，控制单元发送出睡眠命令，当网关监控到所有总线都有睡眠的要求时，进入睡眠模式。此时CAN-L线电压为12V，CAN-H电压为0V。如果动力总线仍处于信息传递过程中，则舒适和娱乐信息总线不允许进入睡眠状态，当舒适总线处于信息传递的过程中，娱乐和信息总线也不能进入睡眠模式。当某一个信息激活相应的总线后，控制单元会激活其他的总线系统。

六 CAN总线示波诊断

1. 波形特征

CAN总线空闲时发射数据1，动力总线数据1的电位为CAN-High=2.5V，CAN-Low=2.5V；舒适与信息总线数据1的电位为CAN-High=0V，CAN-Low=5V。新的信息以数据0（显性数据）开始，然后是0或1的一串二进制数据，数据以电平的形式在总线上呈现。

2. 正常动力CAN总线信号

如图6-40所示为正常动力CAN总线的信号波形为三电平，3.5V、2.5V（重合波形）和1.5V。

技师指导 一定要亲手测量一下正常的 CAN 总线的波形，因为控制单元虽能诊断出 CAN 故障，但具体是什么原因和具体故障位置查找要靠波形分析。比如边找故障点，边看波形是否有反映，有反映的点很可能就是故障点。

其中正常动力 CAN 总线信号如图 6-40 所示。

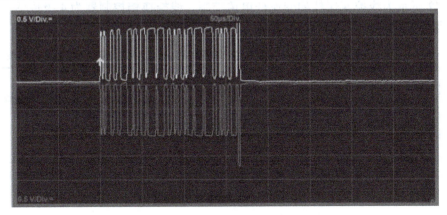

图 6-40　正常动力总线波形（幅值 0.5V/ 格，时基 2ms/ 格）

总线不发送数据时，传输数据为 1，CAN-High 和 CAN-Low 皆为 2.5V。

当总线发送数据时，当有数据 0 传递时，CAN-High 增加 1V 为 3.5V，CAN-Low 下降 1V 为 1.5V；当有数据 1 传输时，CAN-High 和 CAN-Low 皆为 2.5V。

3. 大众汽车 CAN 线的维修

大众汽车 CAN 总线的维修可使用专用工具 VAS1978，CAN 线作为维修线备件，备件为长 10m，线色为绿 / 黄和白 / 黄，线径为 0.35mm^2。

图 6-41 所示为 CAN 总线的维修标准，规定了未缠绕长度最大为 50mm，两处损坏的线间距离大于 100mm。

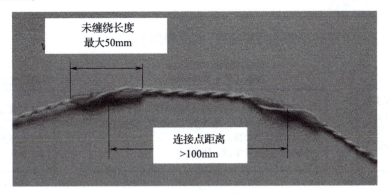

图 6-41　CAN 总线的维修标准

完成任务 取一段双绞线给学生实习，教师检查学生们维修的双绞线是否合格。

※ 在线束接头维修中要用到大众专用工具 VAS1978 和 VAS1978/35。

任务四　了解驾驶人的申请控制

一　变速杆申请控制

图 6-42 所示为线控变速杆的变速杆申请控制。线控换档控制器为 4 级传感器，也就是具有微控制器（MCU）的 ECU 级传感器。

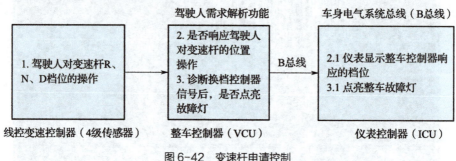

图 6-42　变速杆申请控制

其工作原理如下：

1）驾驶人对变速杆进行 R、N、D 档位的操作。

2）在整车控制器（VCU）内解析驾驶人需求后进入步骤 2（是否响应驾驶员对变速杆的位置操作），信息经车身电气系统总线（B 总线）发给仪表，仪表进入步骤 2.1（仪表显示整车控制器响应的档位）。

3）在整车控制器（VCU）内执行步骤 3（诊断换档控制器信号后，是否点亮故障灯）。若整车控制器（VCU）存有故障码，这个信息经车身电气系统总线（B 总线）发给仪表，仪表进入步骤 3.1（点亮整车故障灯）。

二　P 位驻车锁止控制

图 6-43 所示为 P 位驻车锁止控制过程，其原理如下：

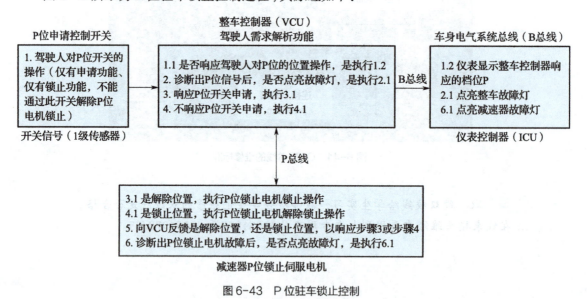

图 6-43　P 位驻车锁止控制

1）驾驶人对 P 位开关进行操作（仅有申请功能、仅有锁止功能，不能通过此开关解除 P 位电机锁止）。整车控制器执行步骤 1.1（是否响应驾驶人对 P 位的位置操作），是执行步骤 1.2（仪表显示整车控制器响应的档位 P）。

2）整车控制器（VCU）诊断出 P 位信号后，是否点亮故障灯，是则信息经车身电气系统总线（B 总线）给仪表，仪表执行步骤 2.1（点亮整车故障灯）。

3）响应 P 位开关申请，执行步骤 3.1（是解除位置，执行 P 位锁止电机锁止操作）。

4）不响应 P 位开关申请，执行步骤 4.1（是锁止位置，执行 P 位锁止电机解除锁止操作）。

5）向 VCU 反馈是解除位置，还是锁止位置，以响应步骤 3 或步骤 4。

6）诊断出 P 位锁止电机故障后，是否点亮故障灯，是则执行步骤 6.1（点亮减速器故障灯）。

三 线控变速杆的倒车灯控制

图 6-44 所示为线控变速杆的倒车灯控制过程，其原理如下：

1）变速杆向倒车方向移动，在整车控制器（VCU）内执行步骤 1.1（整车控制器识别驾驶人的倒车申请需求后），汽车基本电气控制器（BCM）执行步骤 1.2（执行倒车灯点亮工作）。

2）车辆是否处于低速或停止状态，是则执行步骤 2.1（汽车变频器接收整车控制器发来的电机倒转信号，执行电机倒转动作），并向变频器控制器发送电机倒转信号。

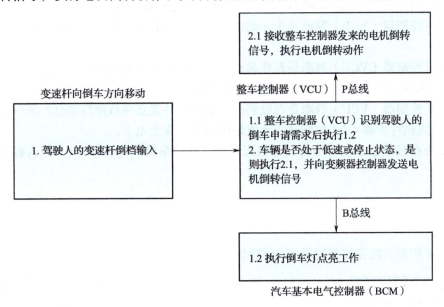

图 6-44　线控变速杆的倒车灯控制

任务五　了解起动和防盗控制

一 起动控制

图 6-45 所示为起动控制过程，其原理如下：

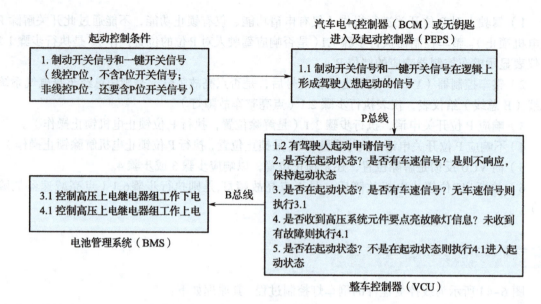

图6-45 起动控制过程

1)驾驶人操作制动开关信号和一键开关信号(线控P位,不含P位开关信号;非线控P位,还要含P位开关信号)输入汽车电气控制器(BCM)或无钥匙进入及起动控制器(PEPS),制动开关信号和一键开关信号在逻辑上形成驾驶人想起动的信号。

2)整车控制器(VCU)判断是否在起动状态?是否有车速信号?是则不响应,保持起动状态。

3)整车控制器(VCU)判断是否在起动状态?是否有车速信号?无车速信号则执行步骤3.1(电池管理系统控制高压上电继电器组工作下电)。

4)整车控制器(VCU)判断是否收到高压系统元件要点亮故障灯信息?未收到有故障则电池管理系统执行步骤4.1(控制高压上电继电器组工作上电)。

5)是否在起动状态?不是在起动状态则电池管理系统执行步骤4.1(进入起动状态,完成起动)。

二 防盗控制

图6-46所示为防盗控制过程,其原理如下:

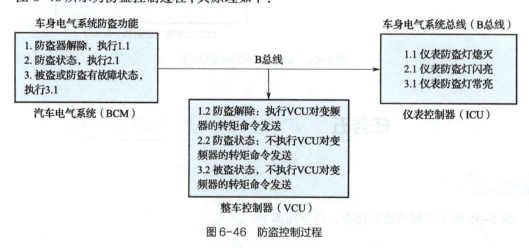

图6-46 防盗控制过程

1）防盗器解除，汽车电气系统（BCM）执行步骤1.1（仪表防盗灯熄灭），整车控制器（VCU）执行步骤1.2整车控制器（VCU）防盗解除：执行VCU对变频器的转矩命令发送。

2）防盗状态，汽车电气系统（BCM）执行步骤2.1（仪表防盗灯闪亮），整车控制器（VCU）执行步骤2.2（防盗状态：不执行VCU对变频器的转矩命令发送）。

3）被盗或防盗有故障状态，汽车电气系统（BCM）执行步骤3.1（仪表防盗灯常亮），整车控制器（VCU）执行步骤3.2（被盗状态，不执行VCU对变频器的转矩命令发送）。

任务六 了解电池管理控制

一、电池电量显示控制

图6-47所示为电池电量显示控制过程，其原理如下：

1）电池管理系统（BMS）通过电池组的总电压和动态电流的时间积分算出电池电量（SOC）百分数，电池电量（SOC）信息经车身电气系统总线（B总线）转发给仪表控制器（ICU）执行步骤1.1[仪表显示电池电量（SOC）百分数]。

2）电池管理系统（BMS）是否存有故障，是则信息经车身电气系统总线（B总线）转发给仪表控制器（ICU）执行步骤2.1（点亮整车故障灯或动力电池故障灯）。

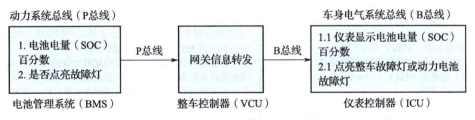

图6-47 电池电量显示控制过程

二、充电电压控制

图6-48所示为充电电压控制过程，其原理如下：

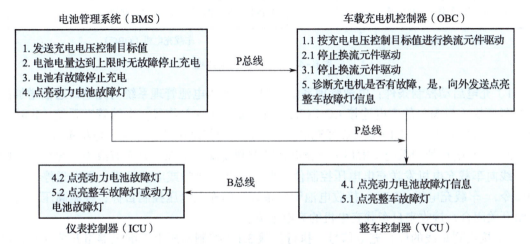

图6-48 充电电压控制过程

1）电池管理系统（BMS）发送充电电压控制目标值，车载充电机控制器（OBC）执行步骤1.1（按充电电压控制目标值进行换流元件驱动）。

2）电池电量达到上限，执行无故障停止充电，执行步骤2.1（停止换流元件驱动）。

3）电池有故障停止充电，执行步骤3.1（停止换流元件驱动）。

4）电池管理系统（BMS）是否存有故障码，若存有则点亮动力电池故障灯。整车控制器（VCU）执行步骤4.1（点亮动力电池故障灯信息发送给仪表），仪表控制器（ICU）执行步骤4.2（点亮动力电池故障灯）。

5）诊断充电机是否有故障，如果有，向外发送点亮整车故障灯信息给整车控制器（VCU）。整车控制器（VCU）向仪表控制器（ICU）发送点亮整车故障灯信息（点亮整车故障灯或动力电池故障灯）。

任务七　了解充电过程控制

一　充电唤醒控制

图6-49所示为充电唤醒控制过程，其原理如下：

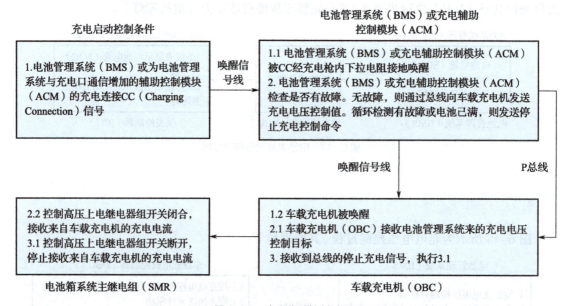

图6-49　充电唤醒控制过程

1）充电启动控制条件：电池管理系统（BMS）或为电池管理系统与充电口通信增加的辅助控制模块（ACM）的充电连接CC（Charging Connection）信号；电池管理系统（BMS）或充电辅助控制模块（ACM）被CC经充电枪内下拉电阻接地唤醒；车载充电机被唤醒。

2）检查电池管理系统（BMS）或充电辅助控制模块（ACM）是否有故障。无故障，则通过总线向车载充电机发送充电电压控制值。循环检测有故障或电池已满，则发送停止充电控制命令，车载充电机（OBC）接收电池管理系统来的充电电压控制目标；控制高压上电继电器组开关闭合，接收来自车载充电机的充电电流。

3）接收到总线的停止充电信号，执行步骤3.1（控制高压上电继电器组开关断开，停止接收来自车载充电机的充电电流）。

二 交流充电控制

图 6-50 所示为交流充电控制过程，其原理如下：

1）交流充电枪插入车辆充电插座。交流充电桩 CP 端子经电池管理系统（BMS）或为电池管理系统与充电口通信增加的辅助控制模块（ACM）接地。交流充电桩经控制器 CP 端子经电池管理系统（BMS）或辅助控制模块（ACM）接地，实现 CP 唤醒交流充电桩；交流充电桩进行交流充电桩内的绝缘检测，检测通过后，执行 L 线和 N 线接触器的闭合工作，给车载充电机供交流电。

2）电池管理系统（BMS）经交流充电枪的 CC 和电阻后接地。电池管理系统（BMS）被充电枪上的 CC 端唤醒，车载充电机（OBC）被电池管理系统（BMS）唤醒；电池管理系统自诊断没有故障，执行步骤 2.2（控制高压上电继电器组开关闭合，接收来自车载充电机的充电电流）；再执行步骤 3。电池管理系统有故障或电池已满，执行步骤 2.3（控制高压上电继电器组开关断开，停止接收来自车载充电机的充电电流）。注：利用变频器逆变桥续流二极管进行单相或三相整流再升压的具有车载充电机功能的变频器还有交流充电隔离继电器控制，在交流充电时，此继电器实现输出的直流段闭合，在不充电时断开，防止电池的直流和变频器相互影响。

3）车载充电机（OBC）接收电池管理系统来的充电电压控制目标值，控制车载充电机（OBC）内充电控制模块实现充电电压值。

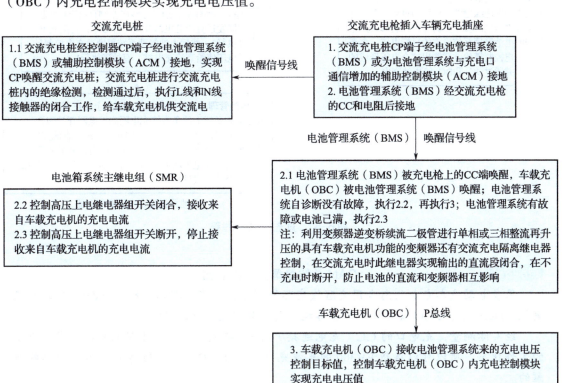

图 6-50 交流充电控制过程

三 直流充电控制

图 6-51 所示为直流充电控制过程,其原理如下:

1)直流充电桩给充电枪 A+ 和 A- 供电去唤醒 BMS;电池管理系统(BMS)被充电枪上的 A+ 和 A- 供电唤醒,车载充电机(OBC)被电池管理系统(BMS)唤醒;电池管理系统(BMS)自诊断系统无故障后,执行步骤 1.3 动作后,通过总线向左侧直流充电桩控制器发送直流继电器开关闭合命令,直流充电桩执行步骤 2,然后电池管理系统再发送充电控制目标电压值给直流充电桩,有故障执行步骤 1.4;电池管理系统控制电池箱内正线上的正直流充电隔离继电器和负线上的负直流充电隔离继电器开关闭合;电池管理系统控制电池箱内正线上的正直流充电隔离继电器和负线上的负直流充电隔离继电器开关断开(注:直流充电隔离继电器有的电动汽车只在正负线路上取一个线路设计)。

2)直流充电桩接收电池管理系统(BMS)可以闭合直流充电桩内继电器的命令后,控制直流充电桩内继电器开关闭合,并进行直流充电桩内的绝缘检测,检测通过后,直流充电桩控制器控制多个直流充电控制模块产生相同的电池管理系统发来的目标电压,多个直流充电控制模块并联输出这个电压形成的电流,并通过 DC+ 和 DC- 给电池充电。

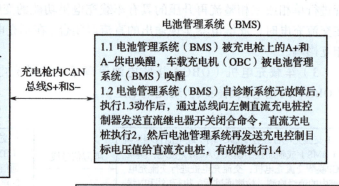

图 6-51 直流充电控制过程

> **特别指出** CAN 总线唤醒其他控制器
>
> 很多电动汽车充电状态专用唤醒线实际经测量并没有被驱动,比如 EV300 的车载充电机、DC/DC、VCU 唤醒等,那么各控制器是如何被唤醒的呢?
>
> 经实际测量,充电口的 CC(充电连接)与 PE 接通后,原本休眠的总线变成了活跃的工作状态,所以可以推断 EV300 的车载充电机、DC/DC、VCU 等控制器是被总线唤醒的。

项目七
纯电动汽车制动控制及故障诊断

➡ 情境引入

车主反映比亚迪 e6 纯电动 SUV 汽车在打开点火开关后电动真空泵工作声音持续时间太长，无法忍受，小林感到一片迷茫。你知道要解决这个问题，需要用到哪些知识吗？

➡ 学习目标

1. 能说出电动汽车电动真空泵电路组成。
2. 能用踩制动踏板的方法触发电动真空泵电路工作，来判别真空泵电路是否正常。

任务一　了解电动真空泵控制

纯电动汽车和一部分混合动力汽车采用带有真空助力器的制动系统。

电动真空泵的起动和关闭根据真空源（真空源罐或真空管）内的真空度进行控制，一个真空度传感器位于真空源罐或真空管上，当驾驶人踩下制动踏板几次，真空源内的真空度被真空助力器消耗殆尽，这时真空度传感器检测到真空度不足，将电信号传给 ABS/ESC 控制单元或整车控制单元（VCU），由 ABS/ESC 控制单元或 VCU 控制真空泵继电器实现真空泵的驱动。

一　真空度控制

纯电动汽车电动真空泵系统是一个由真空助力器真空度传感器（图 7-1）、整车控制器（或 ABS 控制单元）、电动真空泵工作继电器、真空泵电机组成的闭环真空度控制系统，以保证制动时真空助力器正常工作。

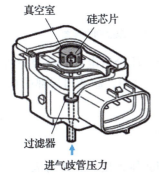

图 7-1　绝对压力传感器（真空度传感器）

图 7-2 所示为吉利 EV300 电动真空泵控制原理图。真空度传感器由 POWER 提供 5V 电源，GND 为接地（搭铁），SIGNAL 为信号输出，信号用于控制真空泵继电器的线圈接地，也称为继电器线圈的接地控制。

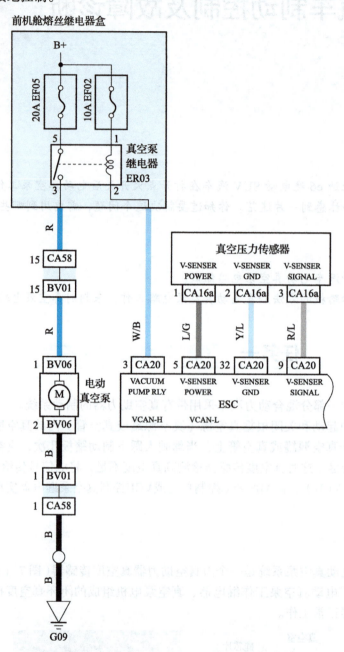

图 7-2 吉利 EV300 电动真空泵控制原理图

真空泵继电器线圈有电流流过时，继电器开关闭合给电动真空泵电机供电，真空泵电机带动真空泵将真空助力器前腔的空气抽出并排到大气中，制造出局部的真空。

二 真空度概念

如图 7-3 所示，压力真空表（空调抽真空和测压力用）、压力表是正转型，而真空表的指针是反转型,在大气环境中表的指针指在最右侧 0 位。当气压低于一个大气压,即出现真空度时,指针开始反转,反转为负值。指针向左摆动越多,真空度越大,制动助力器的助力效果越好。

图 7-3 指针式压力真空表、压力表、真空表

任务二 真空度控制系统故障诊断

一 故障现象

如图 7-4 所示,打开点火开关,踩下制动踏板 1 次(通常无真空罐)或 2 次(通常有真空罐)后,应听到电动真空泵电机工作的声音。

二 故障原因

① 若没有电动真空泵电机工作的声音,说明控制系统有故障,即从真空度传感器—ECU—真空泵继电器—真空泵电机这个区间有故障。

图 7-4 踩制动踏板听真空泵电机工作声音

② 若真空泵有电机工作声音,但电机工作时间过长,说明真空泵内漏或外部(如真空罐及管路接头)有漏点。

③ 若真空泵电机工作声音过大,则说明真空泵电机安装支架固定有故障。

三 诊断过程

① 根据具体车型确定真空泵的一次起动工作时间和正常的工作声音大小,若异常,说明系统漏气,应先排除漏气故障。

技师指导 经测试,吉利 EV300 真空泵一次踏板操作电动真空泵即起动,起动工作约 8s 后停止,如时间过长可寻找漏气点或更换真空泵。比亚迪 e6 真空泵两次踏板操作电动真空泵即起动,起动工作约 15s 停止,如时间过长可寻找漏气点或更换真空泵。

对于比亚迪 e6 车型,在取下继电器(固态继电器)后操作制动踏板时会产生故障,插回继电器后会出现真空泵长时间工作,为此需要断开蓄电池重新上电后才能恢复正常。

② 当电动真空泵不工作时，如图 7-5 所示，车上技师连续踩制动踏板，车外技师用手摸真空泵继电器是否有吸合的声音，以初步判定故障是在控制上，还是在工作电路上。

③ 继电器的测量。对继电器线圈加电，测量触点开关电阻，为0Ω（图7-6），线圈断电,测量触点开关电阻，为无穷大（图7-7）。

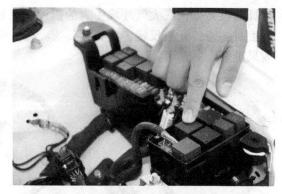

图 7-5　判别真空泵电机继电器是否工作

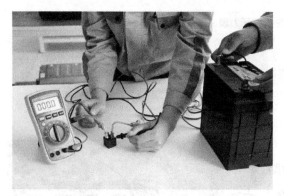

图 7-6　继电器线圈加电 12V，测量开关电阻

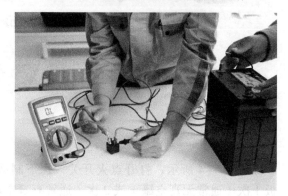

图 7-7　继电器线圈断电，测量开关电阻

④ 继电器座的测量。用万用表或试灯测量继电器座（图 7-8）引脚，检查继电器外围电路是否正常。图 7-9 所示为测量继电器触点开关端供电电压，为 14.02V，正常。

图 7-8　真空泵继电器座

图 7-9　测量继电器触点开关端供电电压

图 7-10 所示为测量继电器触点开关电机端是否导通，正常。图 7-11 所示为测量继电器线圈端供电电压，为 14.02V，正常。

图 7-12 所示为真空泵继电器线圈控制检查，未踩制动时约为 0V。图 7-13 所示为真空泵继电器线圈控制检查，踩制动时为 14.03V，说明继电器线圈被 ABS/ESC 中的电子开关控制接地。

图 7-10　继电器触点开关电机端是否导通

图 7-11　真空泵继电器线圈端供电电压检查

图 7-12　真空泵继电器线圈控制检查（未踩制动）

图 7-13　真空泵继电器线圈控制检查（踩制动）

项目八
混合动力汽车动力管理系统控制

➡ 情境引入

小林拆下丰田普锐斯混合动力汽车发动机舱内变频器上盖的一条黑色金属盖板后,听到行李舱内部有一声继电器动作的声音,小林再试图打到READY档发现已不可能了。

假如你是车间的小林同学,你知道可能是什么原因导致无法打到READY档的吗?

➡ 学习目标

1. 说出检查混合动力控制系统的注意事项有哪些。
2. 说出高压系统互锁电路的原理。
3. 能在车上找到相应零部件的位置。
4. 能画出丰田普锐斯混合动力汽车电路原理图。
5. 能结合原理图分析丰田普锐斯电路图。

任务一　了解混合动力汽车动力管理控制功能

在混合动力汽车上,加速踏板位置信号、制动踏板位置信号、变速杆位置信号共同输入到同一个控制单元,这个控制单元是混合动力汽车几十个微控制计算机中权限最高、管理最广的计算机。汽车行驶是人机合作的结果,没有人员对控制装置的输入,动力管理系统也没法实现输出。

一 概述

混合动力汽车的动力管理系统控制单元(HV-ECU)是动力管理系统的核心,其作用是接收加速踏板的信号形成驱动转矩,申请的转矩数值经动力管理ECU分析确定以何种比例分配给发动机控制模块(Engine Control Module,ECM)和逆变器内部的电机控制单元(Motor Control Unit,MCU),这种比例分配以兼顾完成转矩需求和高效为目标。

二 混合动力汽车动力管理系统输入和输出

在本节中介绍混合动力汽车系统输入和输出的目的是让大家对混合动力汽车的输入/输出有一个整体的认识。

丰田普锐斯动力管理系统控制（图 8-1）内容如下：

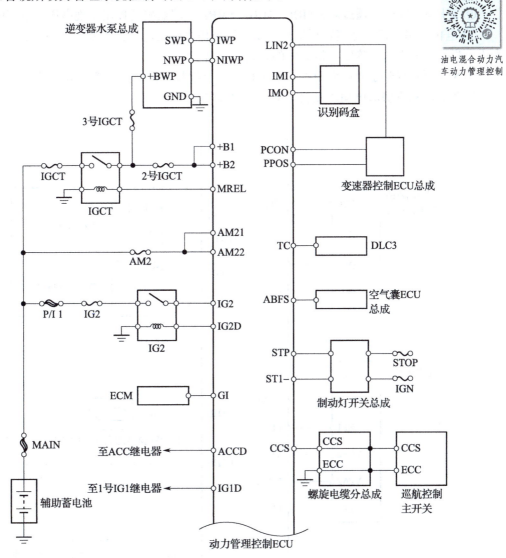

图 8-1　动力管理控制 ECU 原理（一）

① 电源分配控制：起动附件档 ACC 继电器功能、点火档 IG1D 继电器功能、点火档 IG2D 继电器功能。

② 水泵转速控制：IWP 驱动水泵电机，NIWP 接收水泵故障。

③ 变速器 P 位锁控制：通过 P1 接收驾驶人的操作信息，结合电动机转速等其他信息，经判定达到驻车条件时向总线上的变速器 ECU 发送驻车制动信号。

④ 故障诊断输出：TC 接自诊断插头 DLC3，外接诊断仪。

⑤ 安全气囊控制：通过 ABFS 接收安全气囊发过来的车辆发生碰撞的信号，对高压进行下电控制。

⑥ 电动压缩机控制：通过同步通信 CLK 与压缩机的变频器控制器进行通信，ITE 为起动压缩机电动机及相应的转速信号输入，ETI 为信号输出。

⑦ 集成继电器控制：通过 BL 实现变速杆对倒车灯的控制。

⑧ 12V 铅酸蓄电池温度控制：通过 THB 接收电池附近温度，实现 DC/DC 对蓄电池的充

电优化控制。

⑨ 高压配电控制：通过对SMRB、SMRG、SMRP三端输出的控制实现高压上电、下电控制。

⑩ 电机控制：根据加速踏板信号、制动踏板信号确定向变频器发送转矩的正、负及数值大小，根据变速杆信号确定电机方向的正转、反转。

图 8-1 所示反映了对电源分配、水泵转速、变速器 P 位锁、故障输出、安全气囊的控制。

图 8-2 所示反映对电动压缩机、集成继电器的控制。

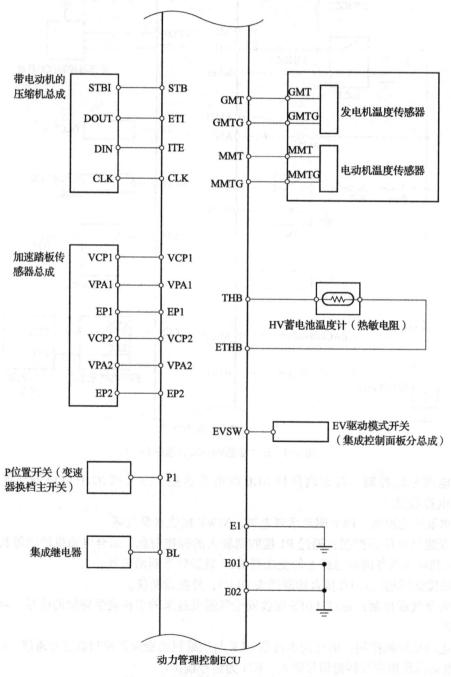

图 8-2 动力管理控制 ECU 原理（二）

图 8-3 所示反映对电池的温度、高压配电箱、总线的控制。

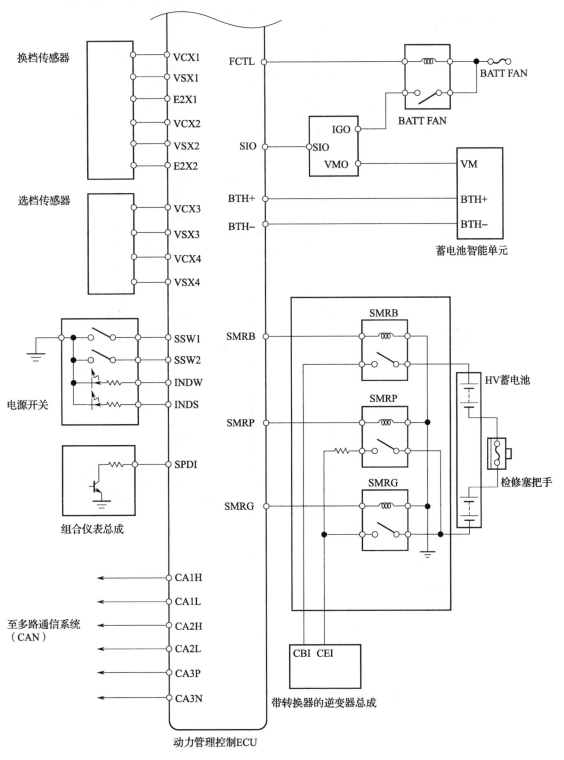

图 8-3 动力管理控制 ECU 原理（三）

带转换器的逆变器系统控制如图 8-4 所示。

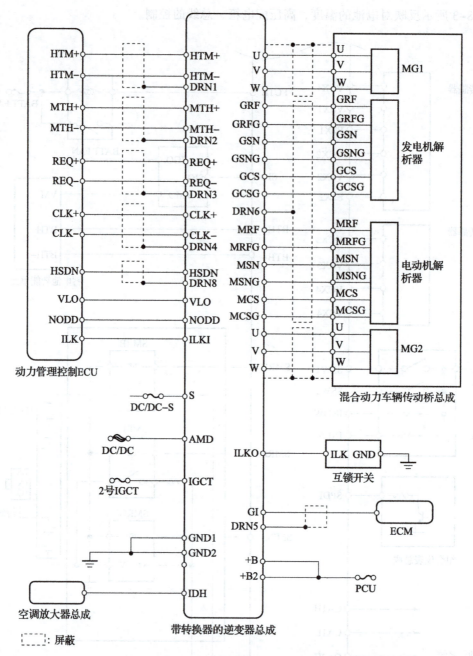

图 8-4 带转换器的逆变器系统控制

任务二　了解检查注意事项

一　检查混合动力控制系统的注意事项

检查高压系统或断开带转换器的逆变器总成低压连接器前，务必采取安全措施，如佩戴绝缘手套、拆下检修塞把手以防电击等。将拆下的检修塞把手放到自己口袋中，防止其他人员在你进行高压系统作业时将其意外重新连接。

注意：将电源开关置于 OFF 位置后，从辅助蓄电池负极（−）端子上断开电缆前需要等待一定的时间。因此，继续工作前，确保阅读从辅助蓄电池负极（−）端子上断开电缆的注意事项。

拆下检修塞把手后，将电源开关置于 ON（READY）位置可能会导致故障。除非修理手册规定，否则不要将电源开关置于 ON（READY）位置。拆检修塞过程分为检修塞互锁开关解锁（图 8-5）和转动手柄取出检修塞（图 8-6）两个过程。

断开检修塞把手后，接触任何高压连接器或端子前，等待至少 10min。使带转换器的逆变器总成内的高压电容器放电至少需等待 10 min。

检查带转换器的逆变器总成内检查点的端子电压。注意务必佩戴绝缘手套。

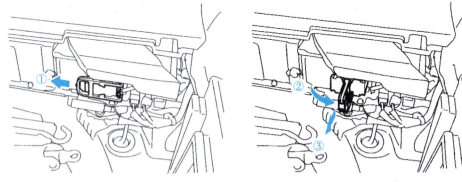

图 8-5　检修塞互锁开关解锁操作　　　图 8-6　检修塞取出操作

拆下 9 个螺栓和逆变器盖（图 8-7）。拆下连接器盖后用非残留性胶带覆盖开口以防异物或液体进入。将万用表量程设定为 750V 或更高的直流档以测量电压，进行验电操作（图 8-8）。

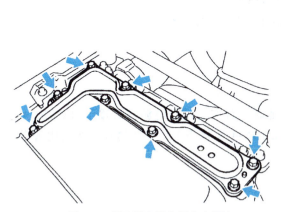 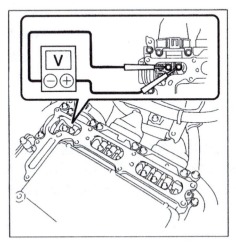

图 8-7　拆下逆变器上部 9 个螺栓　　　图 8-8　逆变器供电验电操作

检查期间将电源开关置于 ON（IG）位置时，请勿在踩下制动踏板的情况下按下电源开关。注意：在踩下制动踏板的情况下按下电源开关将导致系统进入 READY-ON 状态。这非常危险，因为可能对检查区域施加高电压。接触高压系统的任何橙色线束前，将电源开关置于 OFF 位置、佩戴绝缘手套并从辅助蓄电池负极（−）端子上断开电缆。

执行任何电阻检查前，将电源开关置于 OFF 位置。断开或重新连接任何连接器前，将电源开关置于 OFF 位置。进行涉及高压线束的作业时，使用缠有乙烯绝缘带的工具或绝缘工具。拆下高压连接器后，用绝缘胶带缠绕连接器以防止其接触异物。

二 检修高压系统互锁电路注意事项

动力管理控制 ECU 检测到安全装置工作时，将禁止混合动力系统运行或切断系统主继电器。在三个不同的位置有三个安全装置（图 8-9）。第一个安全装置位于检修塞把手。第二个安全装置位于与带转换器的逆变器总成连接的线束组上。第三个安全装置位于电动机和发电机电缆及发动机 2 号线束（空调线束）与带转换器的逆变器总成连接的逆变器盖上。如果拆下检修塞把手、逆变器盖或线束组，则互锁信号线路将断路。如果车辆正在行驶，则该情况将被判定为断路且系统主继电器不切断。如果重新正确安装安全装置，则将电源开关置于 ON（IG）位置时，系统恢复正常。

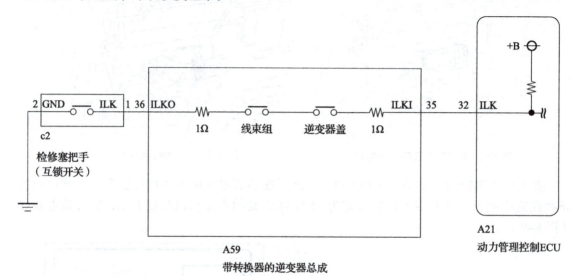

图 8-9 逆变器盖和检修塞互锁开关电路

三 混合动力控制系统激活的注意事项

警告灯点亮或断开并重新连接辅助蓄电池时，首次尝试将电源开关置于 ON（READY）位置可能不会起动系统（系统可能未进入 READY-ON 状态）。如果这样，则将电源开关置于 OFF 位置并再次尝试起动混合动力系统。

四 断开 AMD 端子的注意事项

> 提示：AMD 端子连接至辅助蓄电池正极端子。按照下列程序操作，以防断开 AMD 端子时使其受损。从发动机舱继电器盒和接线盒总成上断开 AMD 端子前，务必从辅助蓄电池的负极（-）端子上断开电缆。

断开 AMD 端子后，用绝缘胶带缠绕端子。重新连接辅助蓄电池负极（-）端子电缆前，务必将 AMD 端子重新连接到发动机舱继电器盒和接线盒总成上（图 8-10）。

项目八　混合动力汽车动力管理系统控制　107

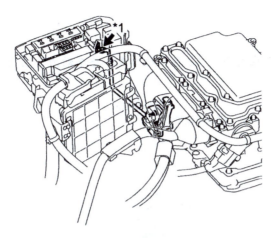

图 8-10　逆变器内经熔丝盒给蓄电池充电的 AMD 线

▶ **注意**：如果从辅助蓄电池负极（-）端子上断开电缆前断开 AMD 端子，则可能对搭铁短路。如果对搭铁短路，则可能导致熔丝熔断。

任务三　了解混合动力汽车主要部件

一　车内主要部件

完成任务　请在实车上找到图 8-11 混合动力汽车驾驶室内的主要部件。

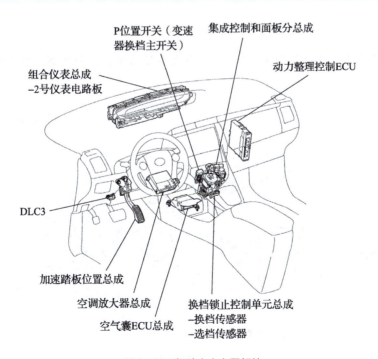

图 8-11　驾驶室内主要部件

二 整车动力部件

> **完成任务** 请在实车上找到图 8-12 混合动力汽车整车动力的主要部件。

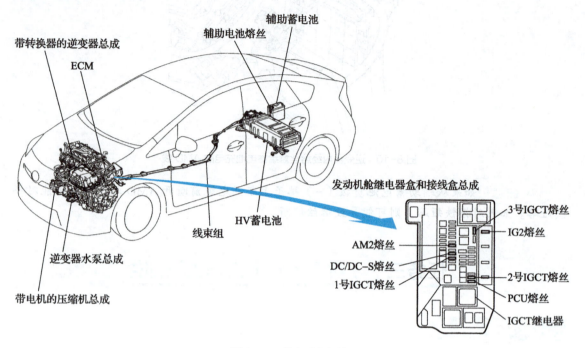

图 8-12 整车动力部件

三 变频器及驱动桥

> **完成任务** 请在实车上找到图 8-13 混合动力汽车传动桥和换档控制执行器的主要部件。

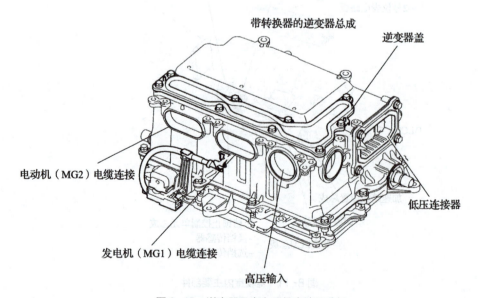

图 8-13 逆变器及电力无级变速驱动桥

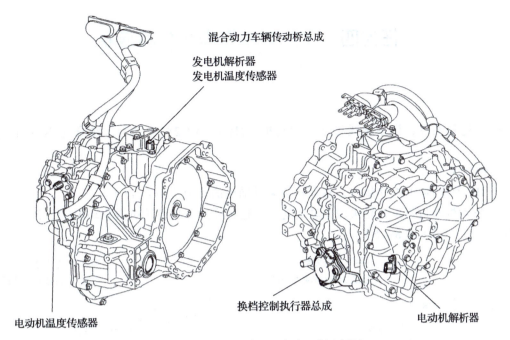

图 8-13 逆变器及电力无级变速驱动桥（续）

四 电池箱及主继电器组模块

完成任务 请在实车上找到图 8-14 混合动力汽车电池箱及主继电器组模块接线盒的主要部件。

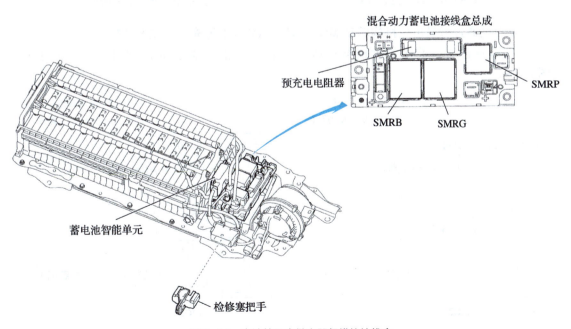

图 8-14 电池箱及主继电器组模块接线盒

任务四　了解基本操作和故障症状

一　基本操作

根据驾驶条件，该系统通过结合发动机、MG1和MG2产生动力。结合的典型例子说明如下。

工作情况：

① HV蓄电池向MG2供电，从而提供驱动前轮的动力（图8-15）。

② 发动机通过行星齿轮机构驱动前轮时，也将通过行星齿轮机构驱动MG1，以将产生的电力提供给MG2（图8-16）。

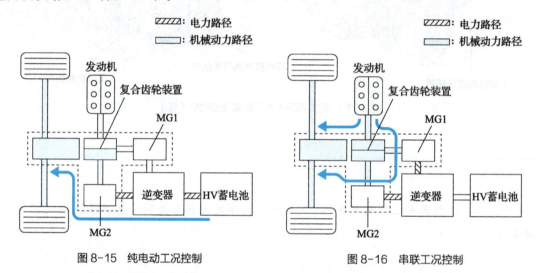

图8-15　纯电动工况控制　　　　　图8-16　串联工况控制

③ 发动机通过行星齿轮机构转动MG1，以对HV蓄电池充电（图8-17）。

④ 车辆减速时，前轮的动能被回收并转换为电能，通过MG2向HV蓄电池再充电（图8-18）。

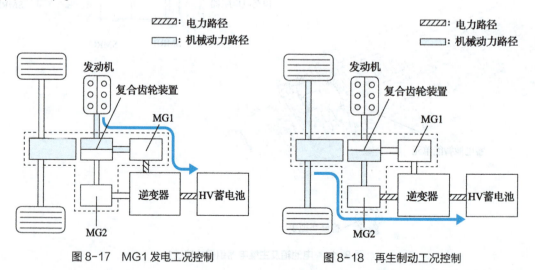

图8-17　MG1发电工况控制　　　　图8-18　再生制动工况控制

系统组成如图 8-19 所示。

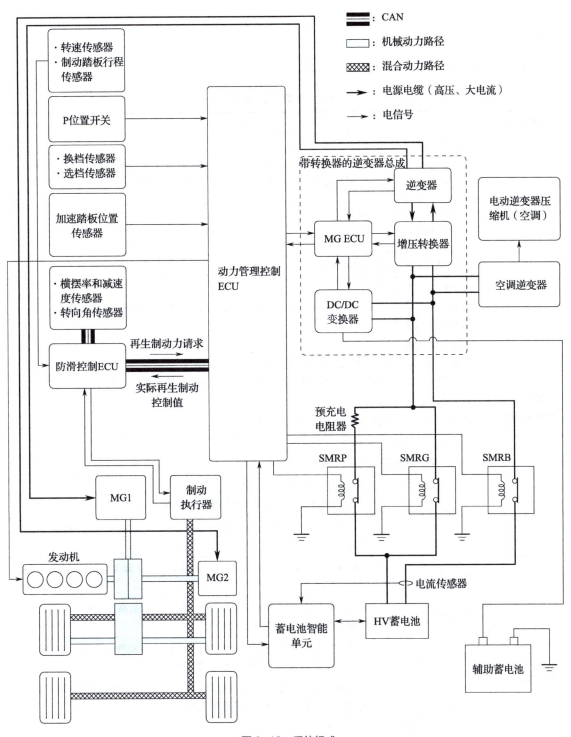

图 8-19 系统组成

完成任务 请写图 8-19 混合动力汽车主要部件的功能,并写出控制过程、电能流和机械流。

二 主要零部件的功能

图 8-19 中主要零部件的功能见表 8-1。

表 8-1 主要零部件的功能

零部件		功能
动力管理控制 ECU		执行混合动力系统的综合控制 ·接收来自各传感器及 ECU（ECM、MG-ECU、蓄电池智能单元和防滑控制 ECU）的信息，并基于该信息，计算出所需转矩及输出功率。动力管理控制 ECU 将计算的结果发送到 ECM、MG-ECU 和防滑控制 ECU ·监视 HV 蓄电池的 SOC ·控制 DC/DC 变换器 ·控制带电机的 HV 水泵 ·控制 HV 蓄电池冷却鼓风机
混合动力车辆传动桥总成		电动机发电机 1（MG1） 由发动机驱动的 MG1 产生高压电，以使 MG2 运行并为 HV 蓄电池充电。同时，MG1 还可作为起动机起动发动机
		电动机发电机 2（MG2） ·MG2 由 MG1 和 HV 蓄电池的电能驱动，以驱动驱动轮 ·制动期间，或未踩下加速踏板时，将产生高压电以对 HV 蓄电池再充电
		解析器（MG1／MG2） 检测转子位置、转速以及 MG1 和 MG2 的转向
		温度传感器（MG1／MG2） 检测 MG1 和 MG2 的温度
	复合齿轮装置	动力分配行星齿轮机构 合理分配发动机动力以直接驱动车辆及 MG1
		电机减速行星齿轮机构根据行星齿轮的特点降低 MG2 的转速，以增大转矩
带转换器的逆变器总成	逆变器	将来自增压转换器的直流电转换为用于 MG1 和 MG2 的交流电，反之亦然（从 AC 至 DC）
	增压转换器	将 HV 蓄电池公称电压从 DC201.6 V 增高为最高 DC650 V，反之亦然（将 DC650V 降低为 DC201.6V）
	DC/DC 变换器	将 HV 蓄电池公称电压从 DC201.6 V 降低为大约 DC14 V，以便为电气部件提供电力，并为辅助蓄电池再充电
	MG-ECU	根据来自动力管理控制 ECU 的信号控制逆变器和增压转换器，从而使 MG1 和 MG2 作为发电机或电动机运行
	大气压力传感器	检测大气压力
	温度传感器（带转换器的逆变器总成）	检测带转换器的逆变器总成零件的温度和 HV 冷却液温度
	逆变器电流传感器	检测 MG1 和 MG2 的电流

项目八 混合动力汽车动力管理系统控制

（续）

零部件		功能
HV 蓄电池	HV 蓄电池（蓄电池模块）	·根据车辆驾驶条件，向 MG1 和 MG2 供电 ·根据 SOC 及车辆驾驶条件，MG1 和 MG2 对其再充电
	HV 蓄电池温度传感器	检测 HV 蓄电池零件的温度和来自 HV 蓄电池冷却鼓风机的进气温度
混合动力蓄电池接线盒总成	系统主继电器	通过使用来自动力管理控制 ECU 的信号，连接和断开 HV 蓄电池和带转换器的逆变器总成之间的高压电路
	HV 蓄电池电流传感器	检测 HV 蓄电池的输入和输出电流
蓄电池智能单元		·监视 HV 蓄电池状态，如电压、电流和温度，并将此信息传输至动力管理控制 ECU ·监视高压系统电子绝缘故障
检修塞把手		拆下检修塞把手时，切断 HV 蓄电池的高压电路以检查或保养车辆
互锁开关（检修塞把手、逆变器端子盖、电源电缆连接器）		确认已安装检修塞把手、逆变器盖和逆变器电源电缆连接器
电源电缆		连接 HV 蓄电池、带转换器的逆变器总成、混合动力车辆传动桥总成和带电机的冷却器压缩机总成
逆变器水泵总成		由来自动力管理控制 ECU 的信号操作以冷却带转换器的逆变器总成和 MG1
HV 蓄电池冷却鼓风机		由来自动力管理控制 ECU 的信号操作以冷却 HV 蓄电池
热敏电阻总成		检测辅助蓄电池的温度
加速踏板位置传感器		将加速踏板位置转换为电信号，并将其输出至动力管理控制 ECU
变速杆位置传感器		将变速杆操作转换为电信号，并将其输出至动力管理控制 ECU
P 位置开关		驾驶人操作时，将 P 位置开关信号输出至动力管理控制 ECU
EV 行驶模式开关（集成控制和面板分总成）		驾驶人操作时，将 EV 行驶模式开关（集成控制和面板分总成）信号输出至动力管理控制 ECU
动力模式开关（集成控制和面板分总成）		驾驶人操作时，将动力模式开关（集成控制和面板分总成）信号通过 ECM 输出至动力管理控制 ECU
环保模式开关（集成控制和面板分总成）		驾驶人操作时，将环保模式开关（集成控制和面板分总成）信号通过空调放大器输出至动力管理控制 ECU
空调放大器		将空调状态信号传输至动力管理控制 ECU

三 故障症状

故障症状表是故障现象和故障原因的对照表（表 8-2），每个症状都有一定的可疑部位对应。

能使用故障症状表在电路图中进行逆向分析是技师的一项高级技能，是高技能人才的一种体现。故障症状表的电路图逆向分析，是指选一种故障的症状，然后在相应的电路图中进行分析，找到可能产生这个症状的原因。

表 8-2 混合动力控制系统故障症状表

症状	可疑部位
不能进入 EV 模式	CAN 通信系统
	组合仪表
	EV 行驶模式开关（集成控制和面板分总成）
	EV 行驶模式开关电路
EV 模式指示灯不亮	组合仪表
	EV 行驶模式开关（集成控制和面板分总成）
EV 模式指示灯不熄灭	组合仪表
	EV 行驶模式开关（集成控制和面板分总成）
不能进入动力模式	CAN 通信系统
	组合仪表
	动力模式开关（集成控制和面板分总成）
	模式选择开关动力模式电路
动力模式指示灯不亮	组合仪表
	动力模式开关（集成控制和面板分总成）
动力模式指示灯不熄灭	组合仪表
	动力模式开关（集成控制和面板分总成）
	模式选择开关动力模式电路
不能进入环保模式	CAN 通信系统
	组合仪表
	环保模式开关（集成控制和面板分总成）
	模式选择开关环保模式电路
环保模式指示灯不亮	组合仪表
	环保模式开关（集成控制和面板分总成）
环保模式指示灯不熄灭	组合仪表
	环保模式开关（集成控制和面板分总成）
	模式选择开关环保模式电路
喘抖和／或加速不良	制动操控系统
混合动力车辆传动桥发出较大的响振声	混合动力车辆变速器
	变速器输入减振器总成
	混合动力车辆传动桥总成
电源开关未置于 ON（READY）位置	智能上车和起动系统（起动功能）
	ECU 电源电路
	动力管理控制 ECU
	ECM

项目九
高压配电箱故障诊断与检修

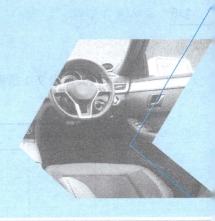

➡ 情境引入

师傅让小林同学初步诊断一辆拖车拖来的丰田普锐斯,故障现象是打到 READY 档时,仪表无 READY 显示。诊断仪显示故障码的内容是"混合动力蓄电池正极触点高电位"。

假如你是车间的小林同学,你知道要解决这个问题,需要用到哪些知识吗?

➡ 学习目标

1. 丰田普锐斯高压配电箱有哪些故障码?
2. 能在车上测试系统主继电器的好坏。
3. 能安全地更换高压配电箱总成。

一 混合动力蓄电池正极触点电路卡在关闭位置

图 9-1 所示电路通过动力管理控制 ECU 监视系统主继电器,如果在继电器内检测到故障,则停止该系统,因为如果任一继电器卡住,则可能无法切断高压系统。

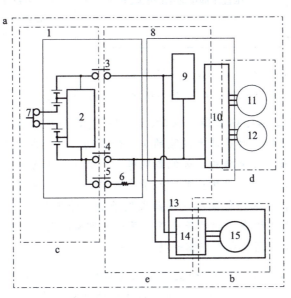

图 9-1 高压配电箱主继电器组

1—HV 蓄电池 2—蓄电池智能单元 3—SMRB 4—SMRG 5—SMRP 6—系统主电阻器 7—检修塞把手
8—带转换器的逆变器总成 9—增压转换器 10—逆变器 11—MG1 12—MG2 13—带电机的压缩机总成
14—空调逆变器 15—空调电机 a—INF 代码 526 车辆绝缘电阻减小部位 b—INF 代码 611 空调系统部位
c—INF 代码 612 HV 蓄电池部位 d—INF 代码 613 传动桥部位 e—INF 代码 614 高压直流部位

INF 代码见表 9-1 所示。

表 9-1　DTC 编号下的 INF（Information）代码

DTC 编号	INF 代码	DTC 检测条件	故障部位
POAA6	526	高压电路和车身之间的绝缘电阻减小	·混合动力车辆传动桥总成 ·电动机电缆 ·发电机电缆 ·带转换器的逆变器总成 ·线束组 ·发动机 2 号线束 ·混合动力蓄电池接线盒总成 ·空调系统 ·HV 蓄电池 ·蓄电池智能单元
	611	空调系统中的高压电路的绝缘电阻减小	·空调系统
	612	HV 蓄电池部位的绝缘电阻减小	·混合动力蓄电池接线盒总成 ·蓄电池智能单元 ·HV 蓄电池
	613	传动桥部位的绝缘电阻减小	·混合动力车辆传动桥总成 ·电动机电缆 ·发电机电缆 ·带转换器的逆变器总成
	614	高压直流部位的绝缘电阻减小	·带转换器的逆变器总成 ·线束组 ·空调系统 ·发动机 2 号线束 ·混合动力蓄电池接线盒总成

▶ **提示**：INF 代码 526 与 POAA6 一起存储。如果存储 DTC POAA6，则车辆无法起动。使用绝缘电阻表测量绝缘电阻时，轻摇高压线束的同时测量电阻。

▶ **注意**：进行 POAA1233 故障排除时，使用缠有乙烯绝缘带的工具或绝缘工具（高压电经过非绝缘工具导致短路时是非常危险的）。检查高压系统或断开带转换器的逆变器总成低压连接器前，务必采取安全措施，如佩戴绝缘手套拆下检修塞把手以防电击等。将拆下的检修塞把手放到自己口袋中，以防止其他人员在你进行高压系统作业时将其意外重新连接。拆下检修塞把手后，在接触任何高压连接器或端子前，等待至少 10min。等待 10min 后，检查带转换器的逆变器总成检查点的端子电压。开始工作前的电压应为 0V。因为使带转换器的逆变器总成内的高压电容器放电至少需等待 10min。

▶ **小心**：将电源开关置于 OFF 位置后，从辅助蓄电池负极（-）端子上断开电缆前需要等待一定的时间。因此，继续工作前，确保阅读从辅助蓄电池负极（-）端子上断开电缆的注意事项。动力管理控制 ECU 监视蓄电池智能单元并检测高压系统的绝缘故障。

二 绝缘检测

1. 描述

如果使用绝缘电阻表无法确认绝缘电阻减小，则检查数据表中的"Short Wave Highest Val"（短波最高值）。

短波最高值的特点：表9-2列出了数据表项目"Short Wave Highest Val"（短波最高值）和绝缘电阻的关系。"Short Wave Highest Val"（短波最高值）随绝缘电阻的减小而降低。然而，在某些情况下，即使车辆的绝缘电阻正常，"Short Wave Highest Val"（短波最高值）也可能降低。

表9-2 短波电压值检测绝缘

短波最高值	故障部位
不满足条件1和条件2且"Short Wave Highest Val"（短波最高值）大约为0 V	绝缘电阻接近于0 Ω 时，极可能受金属物体干扰
不满足条件1和条件2且"Short Wave Highest Val"（短波最高值）在0~5V之间	绝缘电阻为数十万 Ω 时，极可能出现液体，例如冷却液

条件1：将电源开关置于ON（IG）位置后大约经过1min再检查。

条件2：不要在系统电压（电源VB、增压前的VL电压和增压后的VH电压）之间有差异时检查。

2. 如何判定有绝缘故障的部位

① 轻摇高压线束以检查车身搭铁的电阻是否随线束或施加力位置的变化而变化。

② 反复旋转和停止MG1、MG2和带电动机的压缩机总成。检查并确认电机停止时"Short Wave Highest Val"（短波最高值）不降低（例如，如果异物形成泄漏通道时电机停止），或电机旋转时"Short Wave Highest Val"（短波最高值）不恢复正常（例如，如果将异物从泄漏通道移走）。

③ 升高MG1和MG2的温度。检查温度升高时"Short Wave Highest Val"（短波最高值）是否降低。

> 注意：
> - 进行POAA6故障排除时，使用缠有乙烯绝缘带的工具或绝缘工具（高压电经过非绝缘工具导致短路时是非常危险的）。
> - 检查高压系统或断开带转换器的逆变器总成低压连接器前，务必采取安全措施，如佩戴绝缘手套、拆下检修塞把手以防电击等。将拆下的检修塞把手放到自己口袋中，以防止其他人员在你进行高压系统作业时将其意外重新连接。
> - 拆下检修塞把手后，在接触任何高压连接器或端子前，等待至少10min。等待10 min后，检查带转换器的逆变器总成检查点的端子电压。开始工作前的电压应为0 V。

> 提示：使带转换器的逆变器总成内的高压电容器放电至少需等待10 min。

三 混合动力蓄电池组电流传感器

位于 HV 蓄电池正极侧混合动力蓄电池接线盒总成内的蓄电池电流传感器，检测流入和流出 HV 蓄电池的电流。蓄电池智能单元接收 0~5 V 之间的电压（图 9-2），此电压与电缆的电流成比例。该电压从蓄电池电流传感器进入端子 IB。蓄电池电流传感器输出电压低于 2.5 V 表示 HV 蓄电池正在放电，电压高于 2.5 V 表示 HV 蓄电池正在充电。根据从蓄电池电流传感器输入至蓄电池智能单元端子 IB 的信号，动力管理控制 ECU 确定由 HV 蓄电池总成接收的充电或放电的电流大小。根据累计的电流大小，动力管理控制 ECU 计算 HV 蓄电池的 SOC（充电状态）。

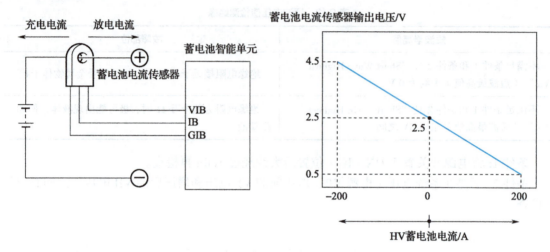

图 9-2　混合动力蓄电池组电流传感器电路及信号输出

四 混合动力蓄电池预充电触点控制电路低电位

1. 描述

SMR（系统主继电器）根据来自动力管理控制 ECU 的指令连接或断开高压动力系统的继电器（图 9-3），包括 3 个 SMR 和 1 个预充电电阻器。SMRB、SMRP、SMRG 和预充电电阻器位于 HV 蓄电池组内的混合动力蓄电池接线盒总成内。车辆将首先打开 SMRP 和 SMRB，通过系统主电阻器对车辆充电，以连接高压动力系统。然后打开 SMRG 并关闭 SMRP。关闭 SMRB 和 SMRG 以切断高压动力系统。

混合动力蓄电池预充电触点控制电路低电位是指在继电器线圈断电后，继电器触点仍无法断开。

2. 电路图

图 9-3 为混合动力蓄电池预充电触点控制电路图。

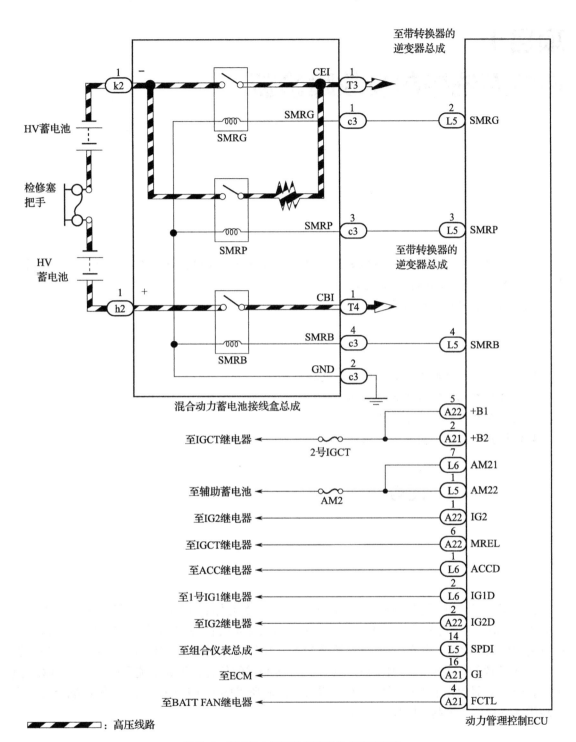

图 9-3 混合动力蓄电池预充电触点控制电路

项目十
电机系统控制及故障诊断

➡ 情境引入

一位驾驶人感觉其驾驶的丰田普锐斯混合动力汽车有故障,她说在纯电动工况行驶时,电机工作无力,请小林师傅分析原因。

假如你是车间的小林同学,如何来解决这个问题。

➡ 学习目标

1. 说出丰田普锐斯变频器的内部组成和作用。
2. 能检查电机温度传感器的好坏。
3. 能检查电机解角传感器的好坏。
4. 能检查并更换变频器和电机内的冷却液。

任务一　了解逆变器和驱动电机

一　逆变器

1. 描述

逆变器包括三相桥接电路,该电路包括 6 个功率晶体管(IGBT),每一个晶体管都对应 MG1 和 MG2。逆变器将来自 HV 蓄电池的高压直流电转换为 MG1 和 MG2 的三相交流电;也可将 MG1 和 MG2 提供的三相交流转换为 HV 蓄电池的直流电。MG ECU 控制功率晶体管(IGBT)的执行。逆变器向 MG ECU 传输控制所必需的信息,例如电流和电压。MG ECU 使用内置于逆变器的逆变器电压传感器检测增压控制所需的增压后的高压。普锐斯混合动力汽车高压网络和低压控制框图如图 10-1 所示。

2. 故障描述

如果电动机逆变器或发电机逆变器出现过电压,则 MG ECU 对其进行检测并将该信息传输至动力管理控制 ECU。

如果电动机逆变器过热、存在电路故障或内部短路,则逆变器通过电动机逆变器故障信号线路传输该信息至 MG ECU。

如果异常电流流过电动机逆变器,则 MG ECU 检测此情况并发送信号以告知动力管理控制 ECU 出现故障。

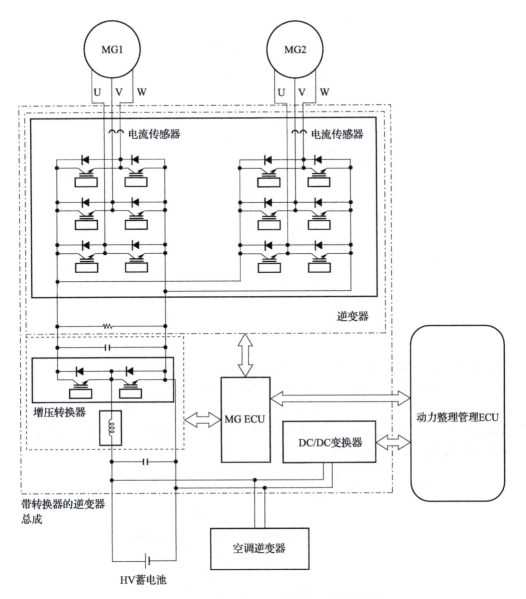

图 10-1 普锐斯混合动力汽车高压网络和低压控制框图

如果 MG2 转矩执行值与从 MG ECU 至 MG2 的转矩指令值不一致,则动力管理控制 ECU 将存储该 DTC。

如果逆变器接收到来自 MG ECU 的电动机门切断信号,则它将关闭所有驱动 MG2 的功率晶体管以强行停止 MG2 工作。MG ECU 监视电动机门切断信号并检测故障。

二 驱动电机

三相交流电流经定子线圈的三相绕组时,电机内产生旋转磁场。系统根据转子的旋转位置和速度控制磁场的旋转。在旋转方向拉动转子上的永久磁铁,从而产生转矩。产生的转矩与电流量几乎成比例。系统通过调整交流电的频率控制电机转速。系统精确控制旋转磁场和转子磁铁的角度(图 10-2),以一种有效的方式产生高转矩,即使在高速时也是如此。

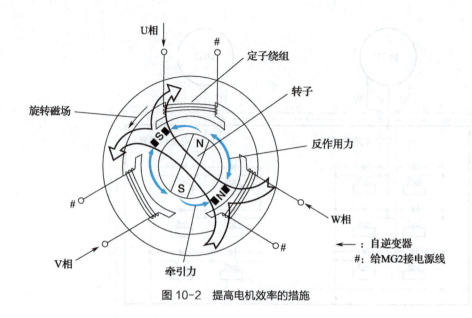

图 10-2 提高电机效率的措施

三 发动机无法起动

如果发动机出现故障,则从 ECM 发送发动机故障信号至动力管理控制 ECU。动力管理控制 ECU 接收到此信号后,设定 DTC 并执行失效保护控制。

如果动力管理控制 ECU 检测到发动机或驱动桥(图 10-3)齿轮卡住,则动力管理控制 ECU 将执行失效保护控制。同样,如果有物体阻止发动机或传动桥内部零部件旋转,则动力管理控制 ECU 将执行失效保护控制。

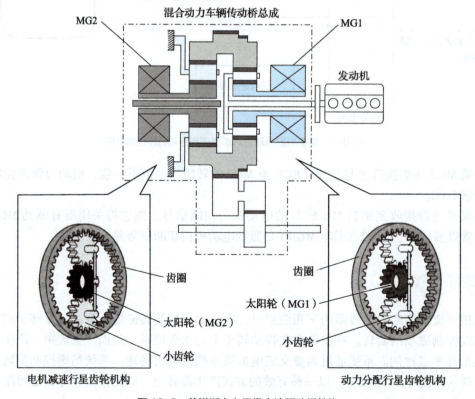

图 10-3 普锐斯电力无级变速驱动桥结构

位于带转换器的逆变器总成内的 MG ECU 监视其内部工作并在检测到故障时设定 DTC。如果输出以下任一 DTC，则更换带转换器的逆变器总成：

- 运转脉冲信号循环偏差或停止
- ND 转换器故障
- MCU 的 ROM 和 RAM 故障
- 通信故障（从 MG1 至 MG2）
- A/D 转换器通信故障
- IPM 正极电源故障
- IPM 负极电源故障
- A/D 转换器故障
- R/D 转换器 NM 停止故障
- 标准电压模拟信号偏移
- 标准电压模拟信号故障
- 通信故障（从 MG2 至 MG1）
- ALU 故障
- R/D 转换器通信故障

任务二　电机传感器故障诊断

一　电机解角传感器

电机解角传感器是用来检测电动机发电机转子的磁极位置的传感器（图 10-4）。磁极位置对于保证 MG2 和 MG1 的精确控制来说是必不可少的。各解析器都包括由励磁线圈和两个检测线圈（S、C）组成的定子。由于转子是椭圆形的，转动过程中，定子和转子之间的间隙会发生改变。预定频率 10kHz（或 5kHz）、12V 的正弦交流电流过励磁线圈，且检测线圈 S 和

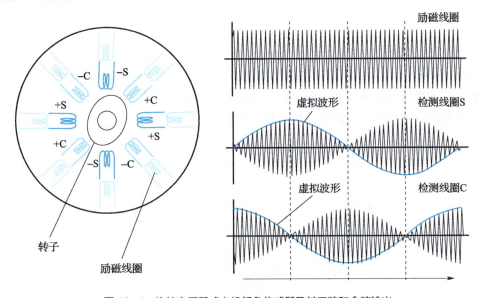

图 10-4　旋转变压器式电机解角传感器及其正弦和余弦输出

C 输出与传感器转子位置相对应的交流电。

带转换器的逆变器总成（MG ECU）根据检测线圈 S（SIN）和 C（COS）的相位及其波形的高度，检测转子的绝对位置。此外，MCU 计算预定时长内位置的变化量，从而将解析器作为转速传感器使用。MG ECU 监视电动机解析器的输出信号，且检测故障。提示：术语"驱动电机 A"指 MG2。

普锐斯旋转变压器式电机解角传感器电路如图 10-5 所示。

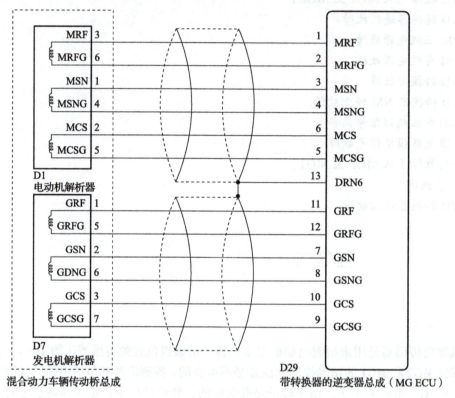

图 10-5　普锐斯旋转变压器式电机解角传感器电路

二　电动机温度传感器

内置于电动机内的热敏电阻式温度传感器，其电阻值随 MG2 温度的变化而变化。MG2 温度越低，传感器的电阻值越大。反之，温度越高，电阻值越小。

普锐斯电动机温度传感器温度 – 电阻特性如图 10-6 所示。

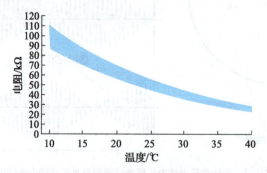

图 10-6　普锐斯电动机温度传感器温度 – 电阻特性

普锐斯电动机温度传感器电路如图 10-7 所示。

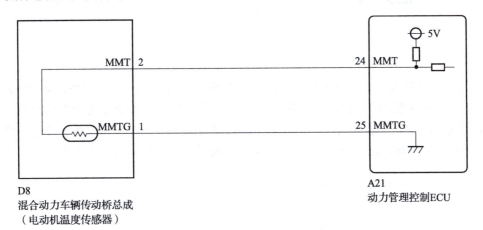

图 10-7　普锐斯电动机温度传感器电路

三　发电机温度传感器

内置于发电机内的热敏电阻式温度传感器，其电阻值随 MG1 温度的变化而变化。MG1 温度越低，传感器的电阻值越大。反之，温度越高，电阻越小。

普锐斯发电机温度传感器温度 – 电阻特性如图 10-8 所示。

普锐斯发电机温度传感器电路如图 10-9 所示。发电机温度传感器断路或对 +B 短路数据流显示为 –40℃，短路或对搭铁短路数据流显示为 215℃。

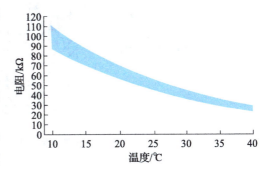

图 10-8　普锐斯发电机温度传感器温度 – 电阻特性

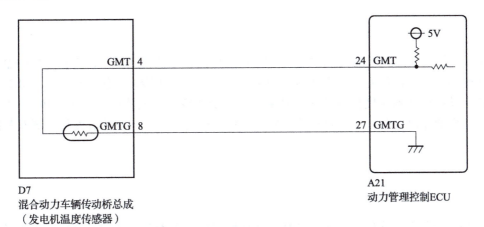

图 10-9　普锐斯发电机温度传感器电路

任务三　电机/逆变器冷却系统故障诊断

一　逆变器冷却系统性能

普锐斯双电机及带有转换器的逆变器冷却系统如图 10-10 所示。逆变器将 HV 蓄电池的高压直流电转换为供 MG1 和 MG2 使用的交流电。在转换过程中逆变器会产生热量。因此，逆变器通过由逆变器水泵总成、冷却风扇和散热器组成的专用冷却系统进行冷却。该冷却系统独立于发动机冷却系统。动力管理控制 ECU 监视逆变器冷却系统，并检测以下部件。

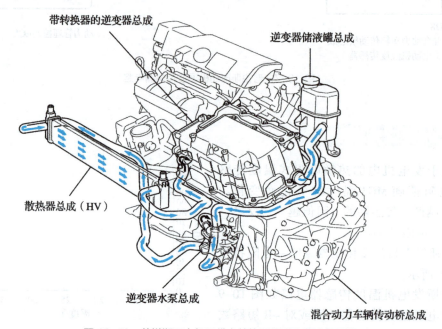

图 10-10　普锐斯双电机及带有转换器的逆变器冷却系统

二　电动机逆变器温度传感器

位于带转换器的逆变器总成中的 MG ECU 使用内置于带转换器的逆变器总成的温度传感器检测电动机逆变器的温度。逆变器冷却系统独立于发动机冷却系统进行工作。MG ECU 利用来自电动机逆变器温度传感器的信号来检查逆变器冷却系统的效能。如有必要，MG ECU 将限制逆变器输出以防止逆变器过热。MG ECU 还检测电动机逆变器温度传感器及其配线的故障。

三　发电机逆变器温度传感器

位于带转换器的逆变器总成中的 MG ECU 使用内置于带转换器的逆变器总成的温度传感器检测发电机逆变器的温度。逆变器冷却系统独立于发动机冷却系统进行工作。MG ECU 利用来自发电机逆变器温度传感器的信号来检查逆变器冷却系统的效能。如有必要，MG ECU 将限制逆变器输出以防止逆变器过热。MG ECU 还检测发电机逆变器温度传感器及其配线的故障。

项目十一
电池管理控制及故障诊断

➡ 情境引入

一辆 2005 款的丰田普锐斯混合动力汽车出现电池箱电池内阻不一致，电压不一致，个别电池模块内阻高于 40mΩ（正常一般在 20mΩ）的故障，原因方向已经确定，请你在实车上根据现场环境，找出可能的具体原因。

假如你是车间的小林同学，你知道如何解决这个问题吗？

➡ 学习目标

1. 说出电池管理系统的传感器有几种，输出执行器有几种。
2. 能正确拆装丰田普锐斯的电池箱，更换单条电池或整箱电池。
3. 能对电池管理系统的数据流进行分析，找到数据异常的元件。

任务一　了解主要零部件

一　电池管理系统主要部件位置

电池管理系统电池箱及熔丝和继电器如图 11-1 所示，动力管理控制 ECU 位置如图 11-2 所示，电池箱元件位置如图 11-3 所示。

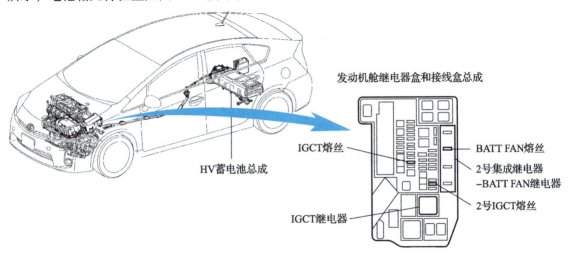

图 11-1　电池箱及熔丝和继电器

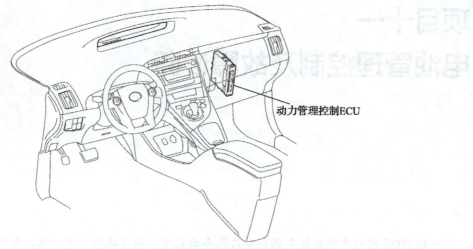

图 11-2　动力管理控制 ECU 位置

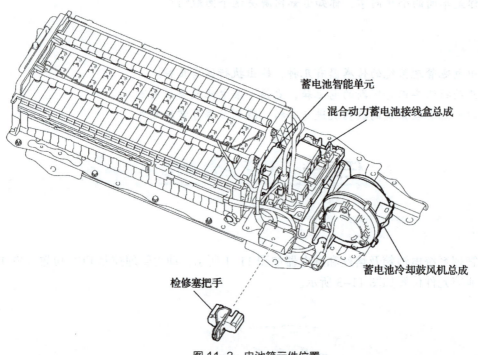

图 11-3　电池箱元件位置

二　系统电路图

电池管理系统的系统电路如图 11-4 所示。

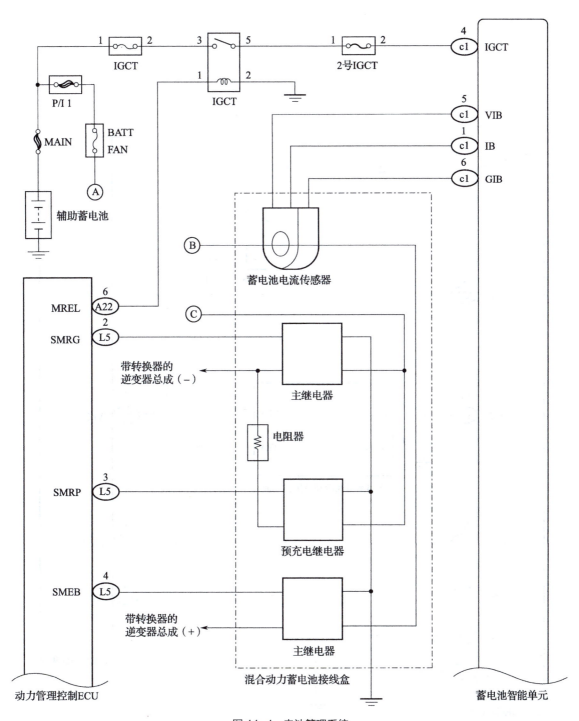

图 11-4　电池管理系统

镍氢电池管理控制

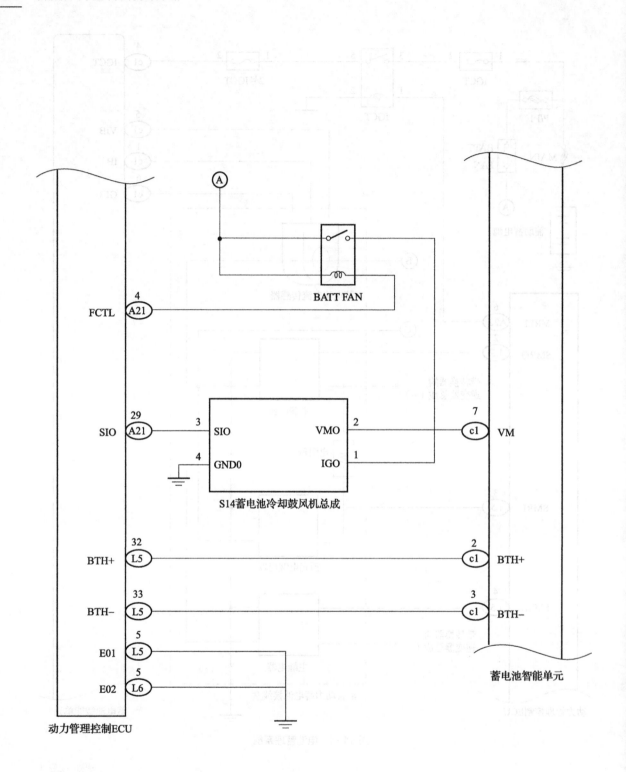

图 11-4 电池

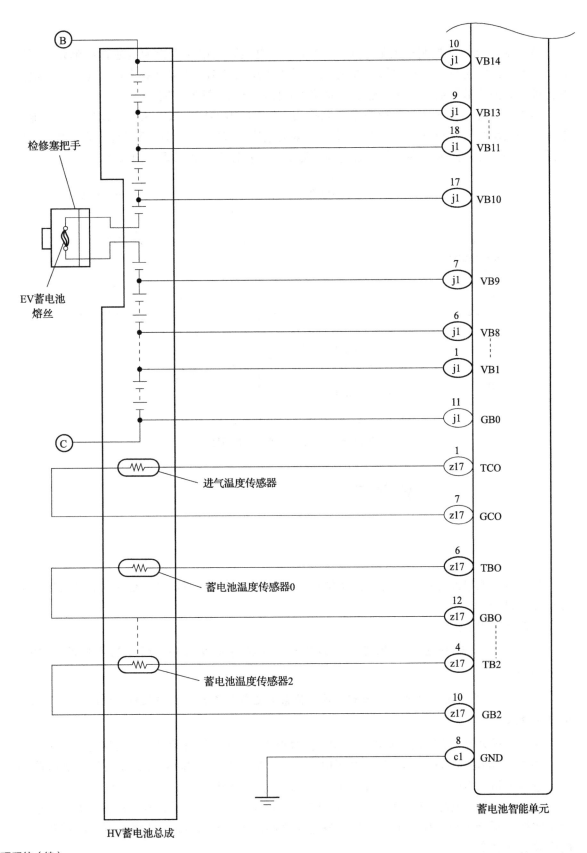

管理系统（续）

三 系统描述

蓄电池智能单元控制框图如图 11-5 所示。蓄电池智能单元也称为电池管理单元,可以将判定充电或放电值(由动力管理控制 ECU 计算)所需的 HV 蓄电池状态信号(电压、电流和温度)转换为数字信号,并通过串行通信将其传输至动力管理控制 ECU。

蓄电池智能单元采用漏电检测电路来检测 HV 蓄电池的任何漏电情况。此外,蓄电池智能单元检测动力管理控制 ECU 所需的冷却风扇的电压,以实现冷却风扇控制。蓄电池智能单元还将这些信号转换为数字信号并通过串行通信将其传输至动力管理控制 ECU。

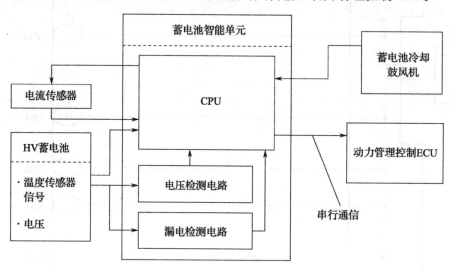

图 11-5 蓄电池智能单元控制框图

任务二　电池管理系统检修

一 混合动力蓄电池组传感器模块

蓄电池智能单元(蓄电池能量控制模块)通过串行通信将 HV 蓄电池电压信息发送至动力管理控制 ECU。

检查程序如下:

➤ **注意**:变速杆置于 N 位置时,如果长时间执行检查程序,则可能导致设定 DTC P3000388。

➤ **提示**:进行故障排除时,如有必要更换蓄电池智能单元,则安装新蓄电池智能单元后需确认电压。

在电源开关置于 ON(READY)位置、选择驻车档(P)且发动机停机的情况下,确认数据表中的 "Power Resource VB"(电源电压)、"VL-Voltage before Boosting"(增压前的 VL- 电压)和 "VH—Voltage after Boosting"(增压后的 VH 一电压)为 220 V 或更高。

系统正常时,电源 VB、增压前的 VL 电压、增压后的 VH 电压的值应几乎相等(变速杆置于空档时不会出现电压增加)。如果各电压之间的差超过表 11-1 的规定值,则带转换器的变频器有故障。

表 11-1 增压前 VL、增压后 VH、电源 VB 的电压允许差

检查电压	最大电压差
"Power Resource VB"（电源 VB）和 "VL–Voltage before Boosting"（增压前的 VL 电压）之间的差	50 V
"Power Resource VB"（电源 VB）和 "VH—Voltage after Boosting"（增压后的 VH 电压）之间的差	70 V
"VL–Voltage before Boosting"（增压前的 VL- 电压）和 "VH–Voltage after Boosting"（增压后的 VH- 电压）之间的差	90 V

二 动力管理控制 ECU 和蓄电池智能单元通信线

动力管理控制 ECU 根据蓄电池智能单元发送的故障信号警告驾驶人并执行失效保护控制。

动力管理 ECU 和蓄电池智能单元的通信，如图 11-6 所示。

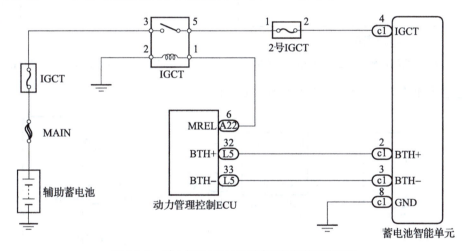

图 11-6 动力管理 ECU 和蓄电池智能单元的通信

三 混合动力蓄电池组的分组电压

HV 蓄电池为镍氢蓄电池，无需外部充电。在行驶过程中，动力管理控制 ECU 将 HV 蓄电池的 SOC（充电状态）控制在恒定水平。HV 蓄电池由 28 个模块组成，1 个模块包括 6 个串联的 1.2V 蓄电池单格，2 个模块在信号电压采样上为一组，蓄电池智能单元存储 14 组蓄电池单元电压，如图 11-7 所示。14 组蓄电池单元电压的和为总电压，即为升压前的电压，这个电压是蓄电池 SOC 测量的静态信号，而电流积分测量是动态测量 SOC 的信号。

四 混合动力蓄电池组冷却风扇 1 控制电路低电位

蓄电池冷却鼓风机总成的转速由动力管理控制 ECU 控制。动力管理控制 ECU 端子 FCTL 打开蓄电池鼓风机继电器时，向蓄电池冷却鼓风机总成供电。动力管理控制 ECU 将指令信号

（SI）发送至蓄电池冷却鼓风机总成，以获得与 HV 蓄电池温度相应的风扇转速。用串行通信通过蓄电池智能单元，将关于施加到蓄电池冷却鼓风机总成（VM）电压的信息作为监控信号发送至动力管理控制 ECU。蓄电池冷却鼓风机转速控制框图如图 11-8 所示。

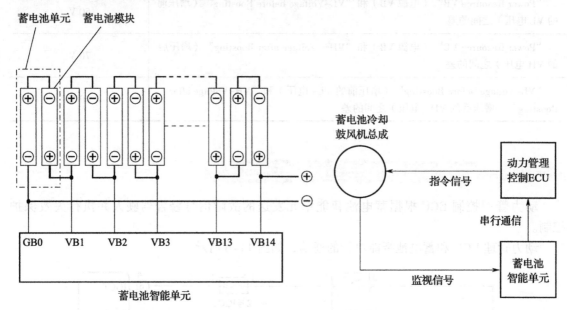

图 11-7　混合动力蓄电池组的 14 组电压测量　　　图 11-8　蓄电池冷却鼓风机转速控制框图

蓄电池冷却鼓风机转动控制通信电路如图 11-9 所示。

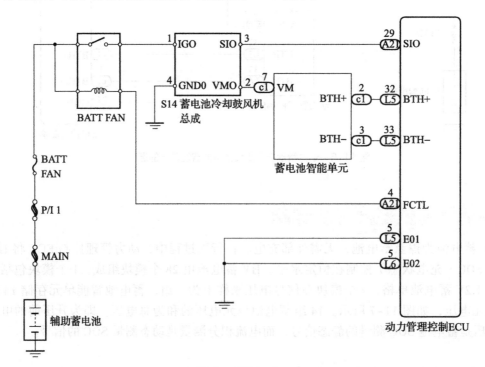

图 11-9　蓄电池冷却鼓风机转动控制通信电路

蓄电池冷却鼓风机的转速控制电路如图 11-10 所示。

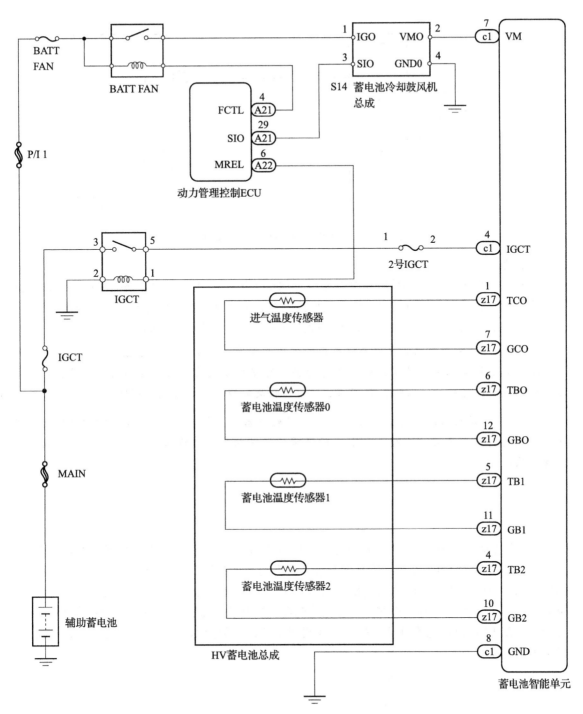

图 11-10 蓄电池冷却鼓风机的转速控制电路

五 高压熔丝

HV 蓄电池检修塞及中间 125A 熔丝如图 11-11 所示。

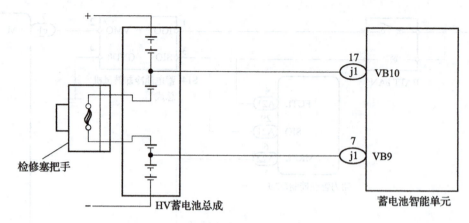

图 11-11　HV 蓄电池检修塞及中间 125A 熔丝

检查程序：

检查高压系统前，务必采取安全措施，如佩戴绝缘手套并拆下检修塞把手以防电击。拆下检修塞把手后放到自己口袋中，防止其他技师在您进行高压系统作业时将其意外重新连接。

断开检修塞把手后，接触任何高压连接器或端子前，等待至少 10min。

▶ 提示：使带转换器的逆变器总成内的高压电容器放电至少需 10 min。

报废 HV 蓄电池时，确保由能对其进行安全处理的授权收集商将其回收。如果 HV 蓄电池通过制造商指定的途径回收，则可通过授权的收集商以安全的方式正确回收。

▶ 注意：将电源开关置于 OFF 位置后，从辅助蓄电池负极（−）端子上断开电缆前需要等待一定的时间。因此，继续工作前，确保阅读从辅助蓄电池负极（−）端子上断开电缆的注意事项。

六　混合动力蓄电池温度传感器

HV 蓄电池的 3 个位置均具有蓄电池温度传感器。内置于各蓄电池温度传感器的热敏电阻，其电阻会随着 HV 蓄电池温度的变化而变化。蓄电池温度越低，热敏电阻的电阻越大。反之，温度越高，电阻越小。蓄电池温度传感器温度 − 电阻特性曲线如图 11-12 所示。蓄电池智能单元使用蓄电池温度传感器检测 HV 蓄电池温度，并将检测值发送至动力管理控制 ECU。动力管理控制 ECU 根据此检测结果控制鼓风机风扇（HV 蓄电池温度上升超过预定水平时，鼓风机风扇起动）。

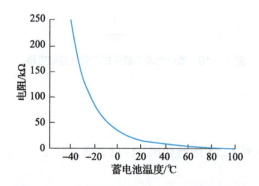

图 11-12　蓄电池温度传感器温度 − 电阻特性曲线

蓄电池温度传感器及电流传感器电路如图 11-13 所示。

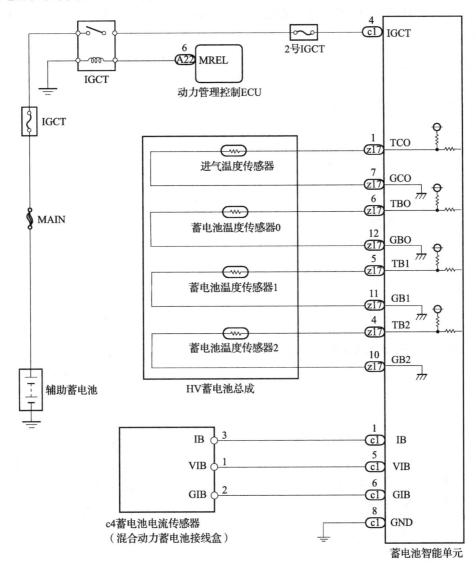

图 11-13 蓄电池温度传感器及电流传感器电路

七 混合动力蓄电池组进气温度传感器

进气温度传感器（蓄电池）安装在 HV 蓄电池上。传感器电阻随进气温度的变化而变化。进气温度传感器的特性与蓄电池温度传感器的特性相同。蓄电池智能单元利用来自进气温度传感器的信号控制蓄电池冷却鼓风机总成的空气流量。

八 混合动力蓄电池组电流传感器

蓄电池电流传感器安装在 HV 蓄电池总成的正极电缆侧，用于检测流入 HV 蓄电池的电流。蓄电池电流传感器将电压输入蓄电池智能单元端子 IB，该电压与电流大小成比例，并在 0~5 V 之间变化。蓄电池电流传感器的输出电压低于 2.5V 表示 HV 蓄电池正在放电，高于 2.5V

表示 HV 蓄电池正在充电，如图 11-14 所示。动力管理控制 ECU 根据从蓄电池智能单元输入其端子 IB 的信号来确定 HV 蓄电池的充电和放电电流，并通过累计的安培数计算 HV 蓄电池的 SOC（充电状态）。

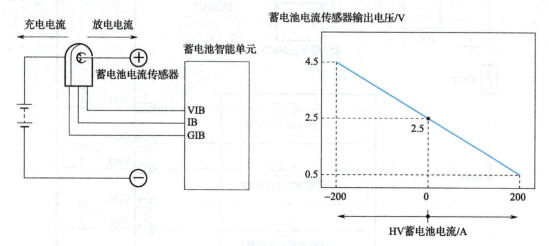

图 11-14　蓄电池电流传感器及其输出

2. 电路图

蓄电池电流传感器电路如图 11-15 所示。

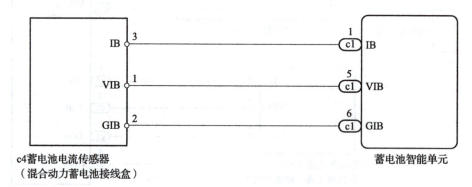

图 11-15　蓄电池电流传感器电路

九 蓄电池智能单元和动力管理控制 ECU 的通信

如果蓄电池智能单元检测到内部故障，则将故障信号发送至动力管理控制 ECU。动力管理控制 ECU 接收到来自蓄电池智能单元的故障信号后，将警告驾驶人并执行失效保护控制。

蓄电池智能单元和动力管理控制 ECU 的通信如图 11-16 所示，BTH 为 Battery to Hybrid 的缩写。

十 动力管理控制 ECU 与蓄电池智能单元有关的输入 / 输出

动力管理控制 ECU 与蓄电池智能单元有关的输入 / 输出如图 11-17 所示，图中向左的箭头表示去往的元件，图中 ACCD、FCTL 为电流流入动力管理控制 ECU（电流方向向右），SPDI、IG1D、GI 为电流流出（电流方向向左），熔丝左侧接蓄电池的正极。

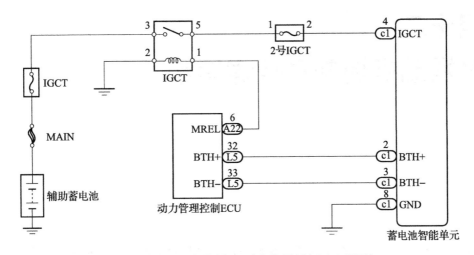

图 11-16　蓄电池智能单元和动力管理控制 ECU 的通信

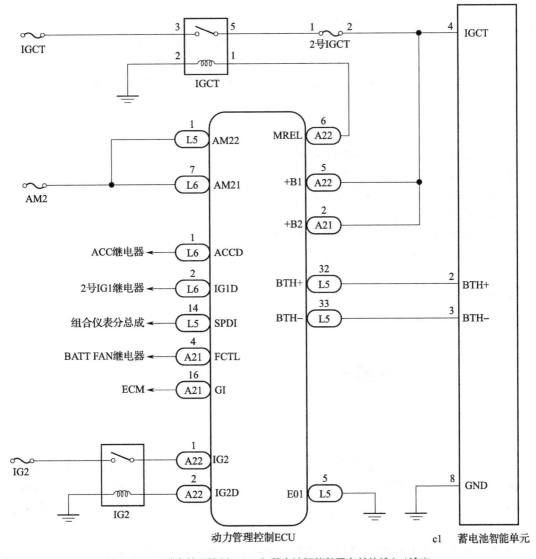

图 11-17　动力管理控制 ECU 与蓄电池智能单元有关的输入/输出

项目十二
米勒发动机控制及故障诊断

➡ 情境引入

小林工作到第二周末已经掌握了混合动力汽车使用和维护的理论和操作部分,曹师傅对小林同学的进步非常满意,打算尽快教他发动机电控系统的诊断。

第三周师傅开始让他诊断和维修米勒发动机,一大早就有一辆丰田普锐斯因撞车事故,需要更换前部散热、前照灯、电动空调压缩机和电子节气门体。在更换全部损坏部件后发现纯电动行驶正常,车辆原地稍踩下加速踏板时,可以感觉到高压电机MG1将发动机起动了,排气管排气正常且稳定,但当挂D位行驶时,发动机出现抖动并熄火,多次测试结果相同。

假如你是车间的小林同学,你知道要解决这个问题,需要用到哪些知识吗?

➡ 学习目标

1. 了解修理发动机之前的操作注意事项。
2. 能说出发动机转矩控制原理。
3. 知道系统原理图和电路图的区别。
4. 能说出症状表的内容。
5. 能说出丰田普锐斯米勒发动机的传感器。
6. 能检查米勒发动机的燃油供给系统。
7. 能检查米勒发动机的点火系统。
8. 能进行丰田普锐斯米勒发动机缸压测量。
9. 能读出丰田普锐斯发动机数据流中的关键数据。

任务一　了解操作前注意事项

一　检查注意事项

① 检查高压系统部件或断开带转换器的逆变器总成低压连接器前,务必采取安全措施,如佩戴绝缘手套后再拆下检修塞把手(图12-1),以防电击。拆下检修塞把手后,请放到自己口袋中,防止其他技师在您进行高压系统作业时,将其拾起插入检修塞座导意外重新连接。

> ➤ 小心:
>
> ・将电源开关置于OFF位置后,从辅助蓄电池负极(－)端子上断开电缆前需要等待一

定的时间。因此，继续工作前，确保阅读从辅助蓄电池负极（-）端子上断开电缆的注意事项。
- 拆下检修塞把手后，将电源开关置于ON（READY）位置可能会导致故障。除非修理手册规定，否则不要将电源开关置于ON（READY）位置。

② 断开检修塞把手后，接触任何高压连接器或端子前，等待至少10min。

▶ 提示：使带转换器的逆变器总成内的高压电容器放电至少需等待10min。

③ 检查带转换器的逆变器总成内检查点的端子电压。

▶ 注意：务必佩戴绝缘手套。

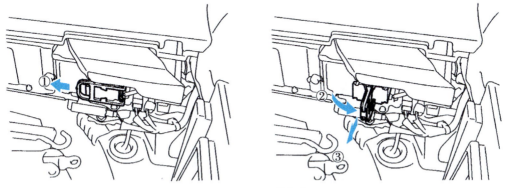

图12-1 拆下检修塞
①~③—检修塞

二 混合动力控制系统激活的注意事项

警告灯点亮或断开并重新连接辅助蓄电池时，首次尝试将电源开关置于ON（READY）位置可能不会起动系统（系统可能未进入READY-ON状态）。如果这样，则将电源开关置于OFF位置，并再次尝试起动混合动力系统。

三 关于智能检测仪的使用

为确保安全，应遵守下列事项：
- 使用智能检测仪前先阅读说明书。
- 驾驶连接有智能检测仪的车辆时，防止智能检测仪电缆卡在踏板、变速杆或方向盘上。
- 驾驶车辆使用智能检测仪进行检测时，需要两人。一人驾驶车辆，另一人操作智能检测仪。

四 断开并重新连接辅助蓄电池负极电缆

对电子部件进行操作前，从辅助蓄电池负极（-）端子上断开电缆以防止损坏电气系统或电气部件。断开并重新连接辅助蓄电池电缆前，将电源开关置于OFF位置并关闭前照灯开关。然后，完全松开端子螺母。不要损坏电缆或端子。断开辅助蓄电池电缆时，时钟和收音机设定以及存储的DTC被清除。因此，断开辅助蓄电池电缆前，对其进行记录。

> **小心：** 将电源开关置于 OFF 位置后，从辅助蓄电池负极（－）端子上断开电缆前需要等待一定的时间。因此，继续工作前，确保阅读从辅助蓄电池负极（－）端子上断开电缆的注意事项。

任务二　了解系统原理图和症状表

一　发动机系统

1. 发动机主要部件位置

发动机主要部件的位置如图 12-2 所示。

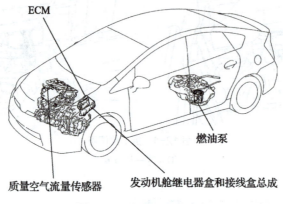

图 12-2　发动机主要部件

2. 车内主要元件位置

仪表台附近发动机主要元件位置如图 12-3 所示。

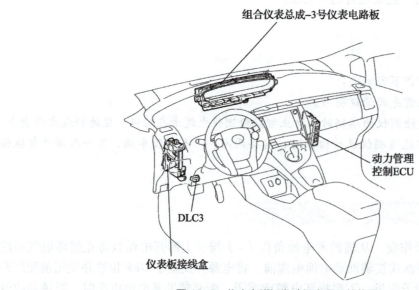

图 12-3　仪表台附近发动机主要元件位置

3. 传感器和执行器

传感器和执行器如图 12-4 所示。

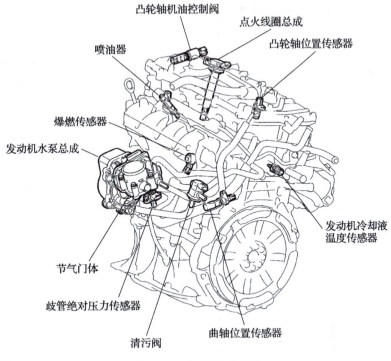

图 12-4 传感器和执行器

4. 排气管

5ZR-FXE 发动机排气系统部件如图 12-5 所示。

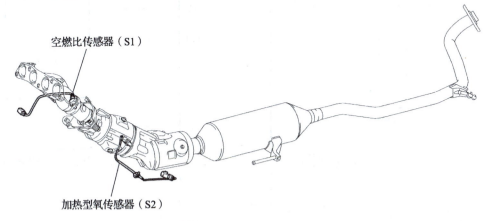

图 12-5 5ZR-FXE 发动机排气系统部件

二 系统图

丰田普锐斯混合动力汽车发动机控制系统如图 12-6 所示。

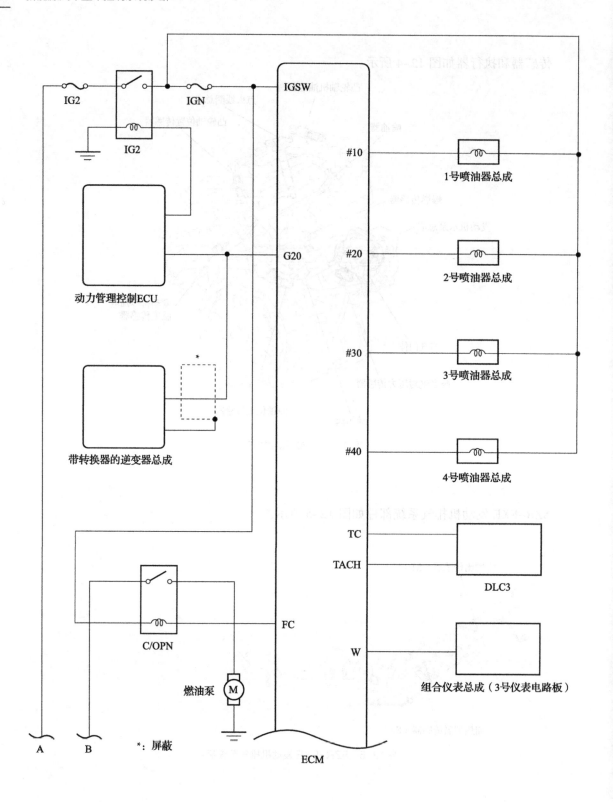

图 12-6 5ZR-FXE

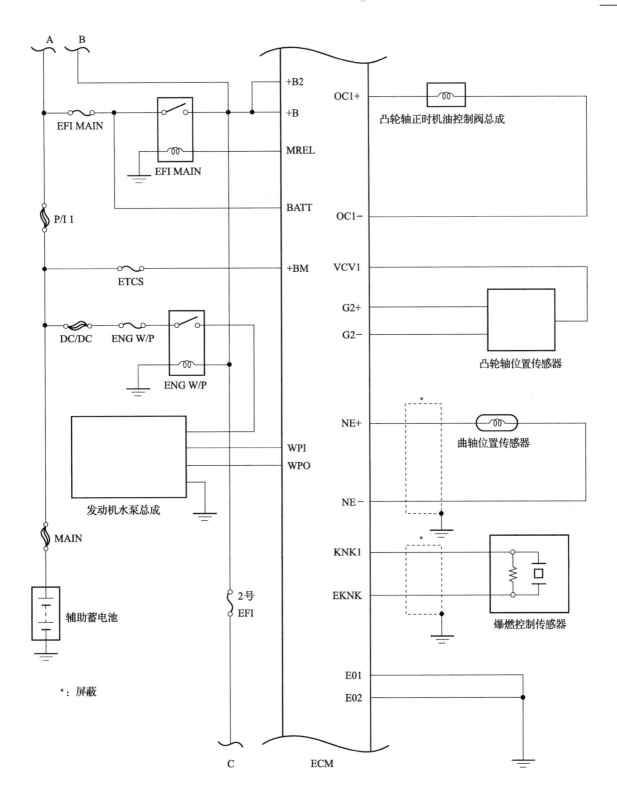

发动机控制系统

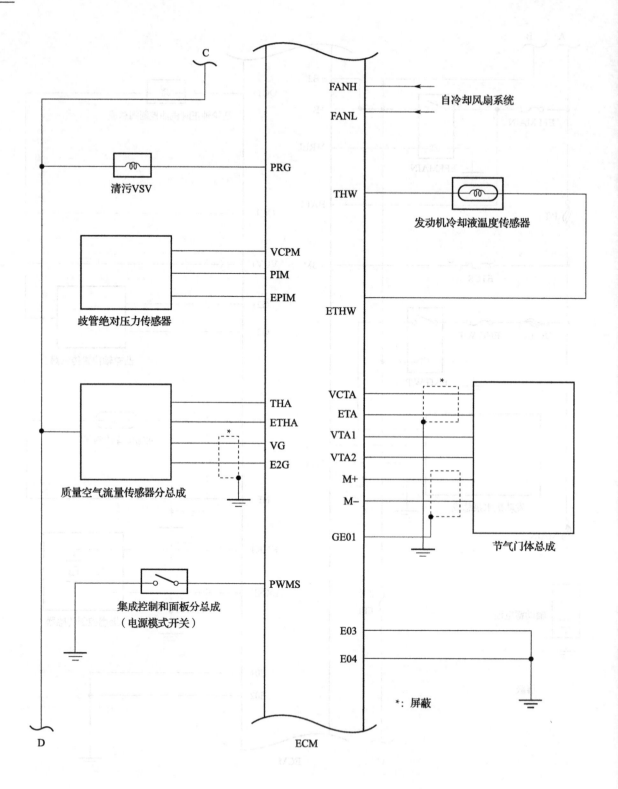

图 12-6 5ZR-FXE

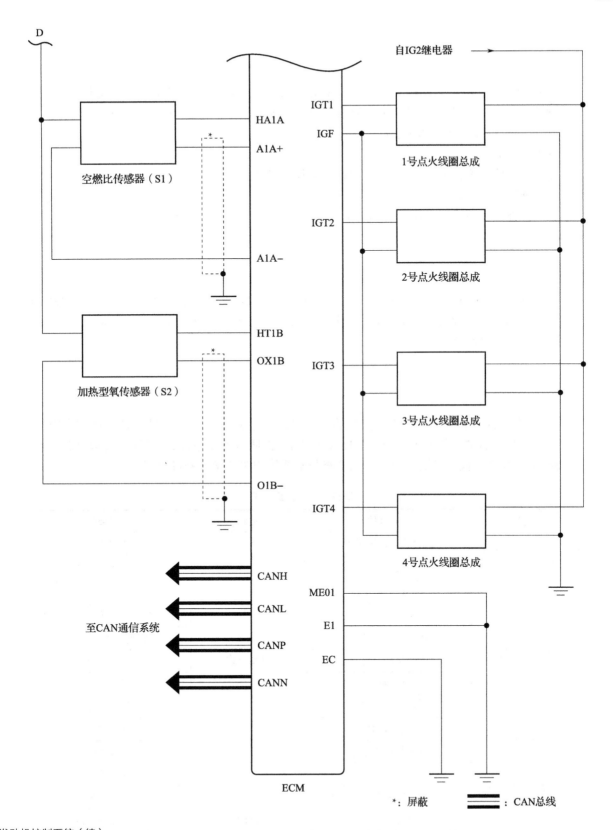

发动机控制系统（续）

三 检查是否存在间歇性故障

使用检查模式检查车辆的 ECM。ECM 在检查模式下时,使用智能检测仪更加容易检测到间歇性故障。在检查模式下,ECM 使用单程检测逻辑,与使用双程检测逻辑的正常模式(默认)相比,对故障有更高的灵敏度。

1)清除 DTC。
2)使用检测仪将 ECM 从正常模式切换至检查模式。
3)进行模拟测试。
4)检查并晃动线束、连接器和端子。

四 基本检查

通过检查 DTC 未能确认故障时,对所有可能引起故障的电路进行故障排除。大多数情况下,按流程图进行发动机基本检查可以快速有效地找出故障部位。因此,对发动机进行故障排除时,务必进行此检查。

五 故障症状表

故障症状表有助于确定故障症状的原因(表 12-1)。如果列出多个可疑部位,则在表中"可疑部位"栏将症状的可能原因按照可能性大小列出。按照所列顺序检查可疑部位,以确认症状。必要时更换零件。检查可疑部位前,先检查与本系统相关的熔丝和继电器。

表 12-1 故障症状表

症状	可疑部位	症状	可疑部位
发动机曲轴不能转动(不起动)	混合动力控制系统		压缩压力
	VC 输出电路		空燃比传感器
无初始燃烧(不起动)	ECM 电源电路	怠速不稳	加热型氧传感器
	VC 输出电路		质量空气流量传感器分总成
	曲轴位置传感器		歧管绝对压力传感器
	燃油泵控制电路		点火系统
	点火系统		燃油管路
	喷油器电路		气门正时
	气门正时		燃油泵
发动机曲轴转动正常但起动困难	燃油泵控制电路	抖动	进气系统
	燃油泵		PCV 系统
	发动机冷却液温度传感器		PCV 系统
	点火系统		空燃比传感器
	喷油器总成		质量空气流量传感器分总成

（续）

症状	可疑部位	症状	可疑部位
发动机曲轴转动正常但起动困难	压缩压力	喘抖/加速不良	燃油管路
	喷油器电路		燃油泵
	进气系统		气门正时
	节气门体总成		质量空气流量传感器分总成
	ECM电源电路		节气门体总成
发生不完全间歇式燃烧（不起动）	燃油泵控制电路	喘振（操纵性能差）	爆燃控制传感器
	燃油泵		制动超控系统
	燃油管路		燃油管路
	点火系统		燃油泵控制电路
	喷油器总成		燃油泵
	曲轴位置传感器		点火系统
	气门正时		喷油器总成
发动机怠速高	节气门体总成	起动后不久发动机熄火	质量空气流量传感器分总成
	进气系统		进气系统
	发动机冷却液温度传感器		歧管绝对压力传感器
	PCV系统		燃油管路
	ECM电源电路		气门正时
发动机怠速转速低（怠速不良）	燃油泵控制电路		
	节气门体总成		
	进气系统		
	PCV系统		
减速时发动机熄火	怠速（参见"发动机怠速转速低"）		

任务三　米勒发动机系统诊断

一　质量空气流量传感器

　　质量空气流量传感器分总成是测量流经节气门空气量的传感器。ECM利用此信息确定燃油喷射时间并提供适当的空燃比。质量空气流量传感器分总成内部有一个暴露于进气气流的白金热丝。向铂丝施加一个特定的电流，进气气流冷却白金热丝和内部的热敏电阻，从而影响它们的电阻。为保持恒定的热丝温度值，需将电流施加到质量空气流量传感器分总成的这些零部件。电压高低与通过传感器的空气流量成比例，ECM利用这种规律来计算进气量。该电路的结构使白金热丝和温度传感器构成桥接电路，并且功率晶体管的控制使A和B两点的电压保持相等，以便将温度维持在预定值。

▶ **提示**：设定关于质量空气流量传感器 DTC 中的任一个时，ECM 进入失效保护模式。在失效保护模式下，ECM 根据发动机转速和节气门位置计算点火正时。失效保护模式持续运行，直至检测到通过条件。

5ZR-FXE 发动机空气流量传感器电路如图 12-7 所示。

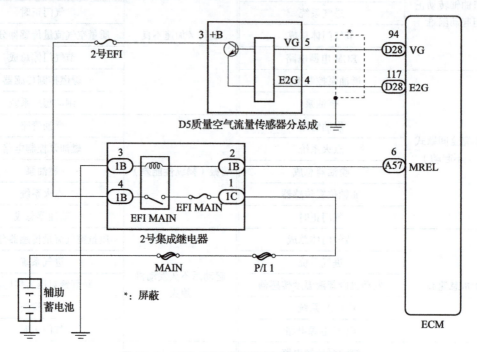

图 12-7　5ZR-FXE 发动机空气流量传感器电路

▶ **诊断方法**：执行检查程序前，先检查本系统相关电路的熔丝。根据故障码和数据流进行诊断。

二　歧管绝对压力传感器

歧管绝对压力传感器通过内置传感器检测进气歧管的内部压力作为绝对压力并输出电压。根据来自歧管绝对压力传感器的电压，ECM 控制空燃比并校正由于压力改变而导致的压力传感器故障。

5ZR-FXE 发动机节气门体后压力传感器电路如图 12-8 所示。

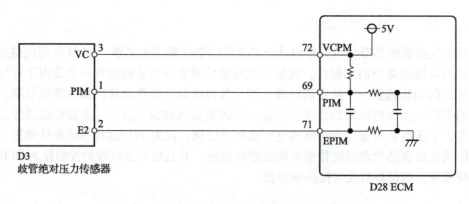

图 12-8　5ZR-FXE 发动机节气门体后压力传感器电路

▶ **诊断方法**：根据故障码和数据流进行诊断。

除测量压力传感器的电源外，还可测量绝对压力和信号输出的关系来判断压力传感器的好坏（图 12-9）。

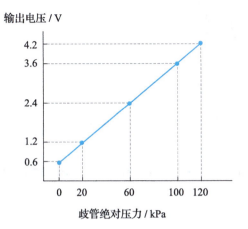

图 12-9　5ZR-FXE 发动机节气门体后压力传感器信号输出

三　进气温度传感器

进气温度传感器安装在质量空气流量传感器分总成内，监视进气温度。进气温度传感器中内置有热敏电阻，其电阻随进气温度的变化而变化。进气温度变低时，热敏电阻的电阻增大。温度变高时，电阻减小。电阻的这些变化被作为电压的变化传输至 ECM。ECM 端子 THA 经 ECM 内的电阻器 R 将 5 V 电源施加到进气温度传感器上。电阻器 R 和进气温度传感器是串联的。进气温度传感器的电阻值随进气温度的变化而变化时，端子 THA 上的电压也随之变化。发动机冷机时，ECM 根据此信号增加燃油喷射量以提高操纵性能。

▶ **提示**：设定 DTC P0112 或 P0113 时，ECM 进入失效保护模式。在失效保护模式下，ECM 估算进气温度为 20℃。失效保护模式持续运行，直至检测到通过条件。

5ZR-FXE 发动机进气温度传感器电路如图 12-10 所示。

图 12-10　5ZR-FXE 发动机进气温度传感器电路

▶ **诊断方法**：根据故障码和数据流进行诊断。

除测量温度传感器电源外，还要按图 12-11 所示测量温度和信号输出的关系。

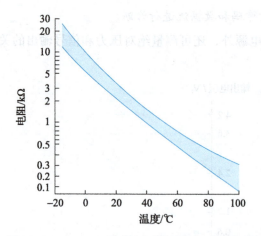

图 12-11　5ZR-FXE 发动机进气温度传感器信号输出

四　冷却液温度传感器

热敏电阻内置于发动机冷却液温度传感器，其电阻值随发动机冷却液温度的变化而变化。传感器的结构及其与 ECM 的连接方式和进气温度传感器相同。

▶ 提示：设定 DTC P0115、P0117 和 P0118 中的任一个时，ECM 进入失效保护模式。在失效保护模式下，ECM 估算发动机冷却液温度为 80℃。失效保护模式持续运行，直至检测到通过条件。

5ZR-FXE 发动机冷却液温度传感器电路如图 12-12 所示。

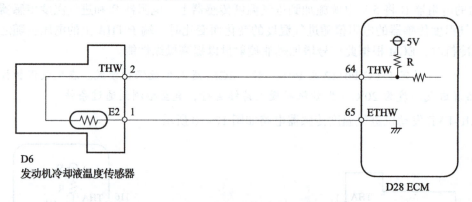

图 12-12　5ZR-FXE 发动机冷却液温度传感器电路

▶ 诊断方法：根据故障码和数据流进行诊断。如果存储 DTC P0117，则检查并确认发动机没有过热（由于发动机过热，可能会存储 DTC P0117）。

五　节气门位置传感器

节气门位置传感器安装在节气门体总成上，用于检测节气门开度。该传感器为非接触型，使用霍尔效应元件，以便在极端条件下也能生成精确的信号。

节气门位置传感器有两个传感器电路 VTA1 和 VTA2，各传送一个信号。VTA1 用于检测节气门开度，VTA2 用于检测 VTA1 的故障。传感器信号电压与节气门开度成比例，在 0 V 和 5 V 之间变化，并且传送到 ECM 端子 VTA。

5ZR-FXE 发动机节气门位置传感器电路如图 12-13 所示。

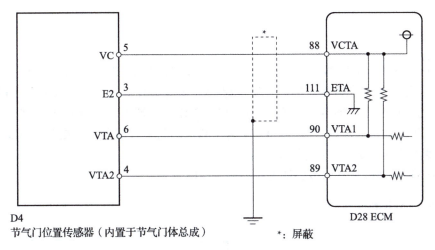

图 12-13 5ZR-FXE 发动机节气门位置传感器电路

> **诊断方法**：根据故障码和数据流进行诊断。

节气门关闭时，传感器输出电压降低（图 12-14），节气门开启时，传感器输出电压升高。ECM 根据这些信号来计算节气门开度并响应驾驶人输入来控制节气门执行器。这些信号同时也用来计算空燃比修正值、功率提高修正值和燃油切断控制。

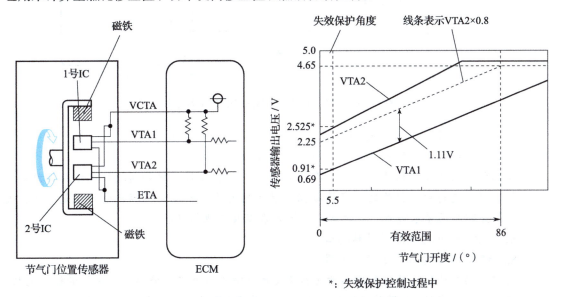

图 12-14 5ZR-FXE 发动机节气门位置传感器信号输出

通过传感器端子 VTA1 传输的节气门开度以百分比形式表示。10%~22% 之间表示节气门全关。64%~96% 之间表示节气门全开。失效保护角度大约为 18.2%（5.5°）。

失效保护：设定关于节气门位置传感器 DTC 中的任一个，或者与电子节气门控制系统故障有关的其他 DTC 时，ECM 进入失效保护模式。在失效保护模式下，ECM 切断流向节气门执行器的电流,并且节气门在回位弹簧的作用下返回到 5.5° 节气门开度。ECM 停止发动机且仅可使用混合动力系统行驶车辆。如果平稳而缓慢地踩下加速踏板,则车辆会缓慢行驶。

失效保护模式持续运行,直至检测到通过条件且将电源开关置于 OFF 位置。

六 空燃比(A/F)传感器

设定关于空燃比传感器 DTC 中的任一个时,ECM 进入失效保护模式。在失效保护模式下,ECM 关闭空燃比传感器加热器。失效保护模式持续直至将电源开关置于 OFF 位置。尽管 DTC 标题中提及氧传感器,但这些 DTC 与空燃比传感器有关。S1 指安装在三元催化转化器前面、靠近发动机总成的传感器。ECM 利用脉宽调制来调节通过加热器的电流。空燃比传感器加热器电路使用电路 +B 侧的继电器。

5ZR-FXE 发动机空燃比传感器电路如图 12-15 所示。

参考(S1系统图):

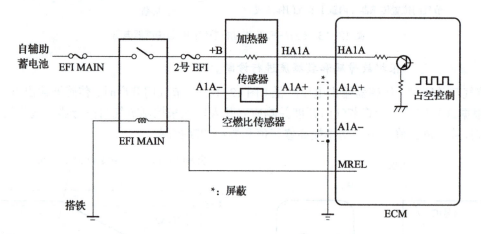

图 12-15　5ZR-FXE 发动机空燃比传感器电路

> **诊断方法**:执行以下检查程序前,先检查本系统相关电路的熔丝。
- 参见"数据表/主动测试"A/F Heater Duty#1。
- 使用智能检测仪读取定格数据。存储 DTC 时,ECM 将车辆和驾驶状况信息记录为定格数据。进行故障排除时,定格数据有助于确定故障出现时车辆是运行还是停止,发动机是暖机还是未暖机,空燃比是稀还是浓以及其他信息。
- S1 指距发动机总成最近的传感器。
- S2 指距发动机总成最远的传感器。
- 使用主动测试提供的控制喷油量功能改变燃油喷射量并监视空燃比传感器的输出电压。进行主动测试时,如果传感器的输出电压不改变(几乎无反应),则传感器可能有故障。

七 氧传感器加热器

S2 指安装在三元催化转化器后面、远离发动机总成的传感器。设定关于氧传感器 DTC 中的任一个时,ECM 进入失效保护模式。在失效保护模式下,ECM 关闭加热型氧传感器加热器。失效保护模式持续直至将电源开关置于OFF位置。ECM利用脉宽调制调节通过加热器的电流。加热型氧传感器加热器电路使用电路+B侧的继电器。

5ZR-FXE发动机氧传感器系统电路如图12-16所示。

参考（S2系统图）：

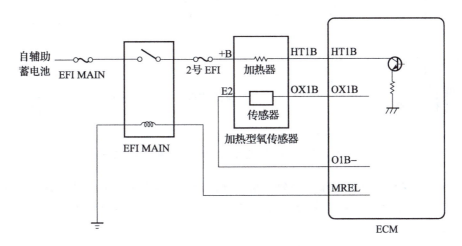

图12-16　5ZR-FXE发动机氧传感器系统电路

▶ **诊断方法**：参见"数据表，主动测试"02 Heater B1S2和02 Heater Curr Val B1S2。数据表项目02 Heater Curr Val B1S2的值不为0A时，加热器打开。使用主动测试提供的控制喷油量功能改变燃油喷射量并监视加热型氧传感器的输出电压。进行主动测试时，如果传感器的输出电压不改变（几乎无反应），则传感器可能有故障。

八　氧传感器

S2指安装在三元催化转化器后面、远离发动机总成的传感器。三元催化转化器用于提高废气中一氧化碳（CO）、碳氢化合物（HC）和氮氧化物（NOx）的净化率。为了最有效地利用三元催化转化器，必须精确控制空燃比，使其接近理论空燃比。为帮助ECM精确控制空燃比，采用了加热型氧传感器。

加热型氧传感器位于三元催化转化器后面，用于检测废气中的氧浓度。由于此传感器与对感应部位进行加热的加热器集成在一起，所以即使在进气量较小（废气温度较低）时，也能检测出氧浓度。

空燃比变稀时（图12-17），废气中的氧浓度变浓。加热型氧传感器会通知ECM，经过三元催化转化器后的空燃比过稀（低压，即低于0.45 V的电压）。相反，空燃比比理论空燃比浓时，废气中氧浓度变稀。加热型氧传感器会通知ECM，经过三元催化转化器后的空燃比过浓（高压，即高于0.45 V的电压）。空燃比接近理论空燃比时，加热型氧传感器的输出电压会急剧变化。

ECM利用来自加热型氧传感器的补充信息，确定经过三元催化转化器后的空燃比是浓还是稀，并相应地调节燃油喷射时间。因此，如果加热型氧传感器由于内部故障而工作异常，ECM就不能补偿主空燃比控制中出现的偏差。

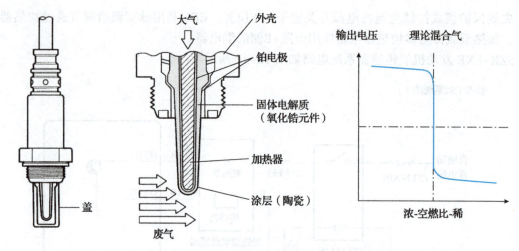

图 12-17 5ZR-FXE 发动机窄带氧传感器原理和信号

> **提示：** 在诊断故障排除程序的"执行确认行驶模式"程序中使用确认行驶模式。执行该确认行驶模式将激活加热型氧传感器监视器（同时执行催化剂监视器）。这有助于验证维修是否完成。

5ZR-FXE 发动机窄带氧传感器电路如图 12-18 所示。

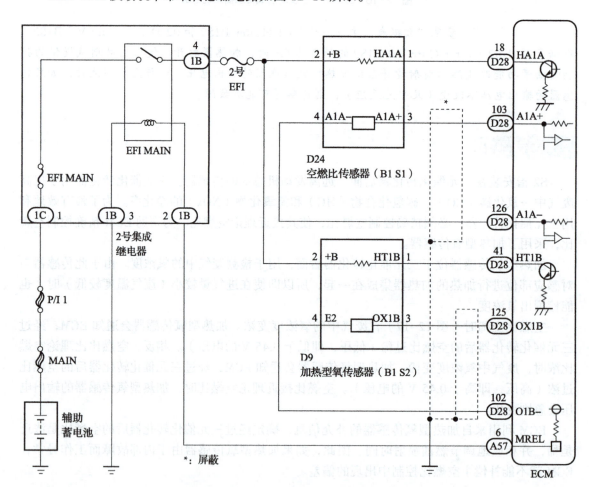

图 12-18 5ZR-FXE 发动机窄带氧传感器电路

1. 诊断方法

▶ 提示：进行主动测试中的控制喷油量功能可以识别故障部位。控制喷油量功能有助于确定空燃比传感器、加热型氧传感器和其他可能的故障部位是否有故障。

以下描述了如何使用智能检测仪进行控制喷油量操作。
① 将智能检测仪连接到 DLC3。
② 将电源开关置于 ON（IG）位置，并打开检测仪。
③ 将发动机置于检查模式（保养模式）。
④ 起动发动机。
⑤ 以 2500r/min 的转速运转发动机大约 90s 以暖机。

▶ 提示：充电控制期间，发动机转速设定为怠速。因此，踩下加速踏板时，发动机转速不增加。在这种情况下，完成充电控制后对发动机进行暖机。

⑥ 进入以下菜单：Powertrain / Engine and ECT / Active Test / Control the Injection Volume, Data List / All Data / AFS Voltage B1S1 and 02S B1S2。
⑦ 在发动机怠速运转状态下，进行主动测试操作。
⑧ 监视检测仪上显示的空燃比和加热型氧传感器（AFS Voltage B1 S1 和 02S B1 S2）的输出电压。

▶ 提示：
- 使燃油喷射量在 -12% ~12% 之间变化。喷油量可以细微地梯度改变。
- 各传感器根据燃油喷射量的增加和减少做出响应。

燃油修正值与反馈补偿值有关，而与基本喷油持续时间无关。燃油修正包括短期燃油修正和长期燃油修正。

短期燃油修正是指用于将空燃比持续保持在理论值的燃油补偿。来自空燃比传感器的信号指示空燃比与理论空燃比相比是浓还是稀。这使燃油喷射量在空燃比偏浓时减少，在空燃比偏稀时增加。发动机间的差别、随时间造成的磨损和工作环境的改变都会使短期燃油修正值偏离中间值。长期燃油修正控制总体燃油补偿，用于补偿短期燃油修正造成的与中间值的长期偏差。

如果短期燃油修正值和长期燃油修正值都比预定值偏稀或偏浓，这会被判定为一个故障，ECM 将点亮 MIL 并设定 DTC。

在闭环燃油控制下，燃油喷射量与 ECM 估算的量相偏离，并导致长期燃油修正补偿值发生改变。如果短期燃油修正值持续出现偏差，则会调节长期燃油修正。与 ECM 估算的燃油喷射量的偏差也影响燃油修正平均学习值，该学习值是短期燃油修正平均值（燃油反馈补偿值）和长期燃油修正平均值（空燃比学习值）的综合值。如果燃油修正平均学习值超出故障阈值，则 ECM 将其视为燃油系统发生故障并设定 DTC。例如：如果燃油修正平均学习值为 +35% 或更大，或为 -35% 或更小，则 ECM 将其视为燃油系统故障（图 12-19）。

2. 确认行驶模式

图 12-20 所示为 5ZR-FXE 发动机氧传感器确认行驶模式。

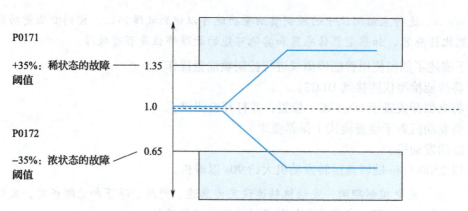

图 12-19　5ZR-FXE 发动机窄带氧传感器燃油修正平均值

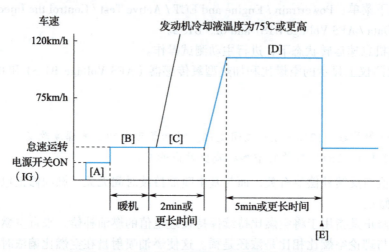

图 12-20　5ZR-FXE 发动机氧传感器确认行驶模式

发动机缺火时,高浓度碳氢化合物(HC)进入废气中。高浓度的 HC 会导致废气排放量增加。极高浓度的 HC 也可使三元催化转化器温度升高,从而可能导致其损坏。为了避免排放量增加以及高温造成的损坏,ECM 会监视缺火率。三元催化转化器的温度达到热衰退点时,ECM 会使 MIL 闪烁。ECM 使用凸轮轴位置(CMP)传感器和曲轴位置(CKP)传感器监测缺火情况。凸轮轴位置传感器用于识别缺火的气缸,而曲轴位置传感器则用于测量曲轴转速的变化。曲轴转速变化超出预定阈值时,将统计缺火数。如果缺火数超过了阈值并有可能导致排放控制系统性能恶化,则 ECM 点亮 MIL 并设定 DTC。

九　爆燃传感器

采用平面型爆燃控制传感器。平面型爆燃控制传感器(非谐振型)的结构可检测频率在 6~15 kHz 之间的宽频带振动。

爆燃控制传感器安装在发动机缸体上,用于检测发动机爆燃。爆燃控制传感器内装有压电元件,它在变形时产生电压。发动机缸体因爆燃而振动时,爆燃控制传感器就会产生电压。发动机爆燃可以通过延迟点火正时加以抑制。

平面型爆燃控制传感器电路如图 12-21 所示。

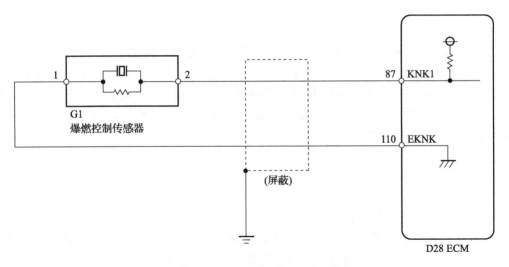

图 12-21　平面型爆燃控制传感器电路

十 曲轴位置传感器

曲轴位置传感器由 1 号曲轴位置信号盘和拾波线圈组成。信号盘有 34 个齿，安装在曲轴上。拾波线圈由缠绕的铜线、铁心和磁铁组成。信号盘旋转时，随着每个齿经过拾波线圈，会产生一个脉冲信号。发动机每转一圈，拾波线圈产生 34 个信号。ECM 根据这些信号计算曲轴位置和发动机转速。利用这些计算结果控制燃油喷射时间和点火正时。

曲轴和凸轮轴位置传感器电路如图 12-22 所示。

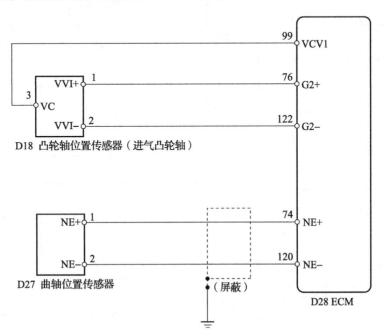

图 12-22　曲轴和凸轮轴位置传感器电路

十一　凸轮轴位置传感器

凸轮轴位置传感器（G2信号）由磁铁和磁阻元件（MRE）组成。

凸轮轴上有凸轮轴位置传感器正时转子。凸轮轴转动时，正时转子和MRE之间的气隙会发生改变，从而影响磁铁，使得MRE材料的电阻发生波动。凸轮轴位置传感器将凸轮轴旋转数据转换成脉冲信号，并将脉冲信号发送到ECM来确定凸轮轴转角。然后，ECM利用此数据来控制燃油喷射时间和喷油正时。

十二　点火线圈初级/次级电路

该车使用直接点火系统（DIS），如图12-23所示。

DIS各气缸由其各自的点火线圈总成和火花塞点火。各点火线圈产生的高压电直接作用到各火花塞上。火花塞产生的火花通过中心电极到达搭铁电极。

ECM确定点火正时并为各气缸传输点火（IGT）信号（图12-24、图12-25）。ECM根据IGT信号接通和断开点火器内的功率晶体管。功率晶体管进而接通或断开流向初级绕组的电流。初级绕组中的电流被切断时，次级绕组中产生高压。此高压被施加到火花塞上并使其在气缸内部产生火花。一旦ECM切断流向初级绕组的电流，点火器会将点火确认（IGF）信号发送回ECM，用于各气缸点火。

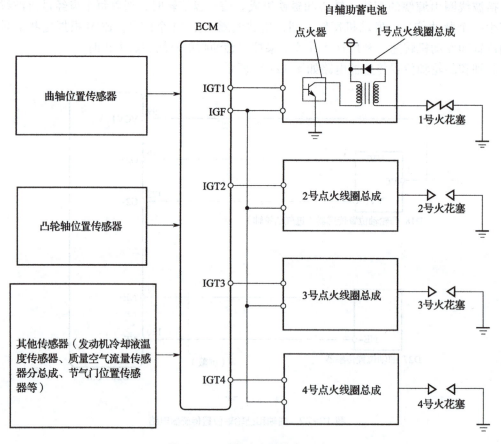

图12-23　直接点火系统（DIS）

直接点火系统（DIS）电路如图12-24和图12-25所示。

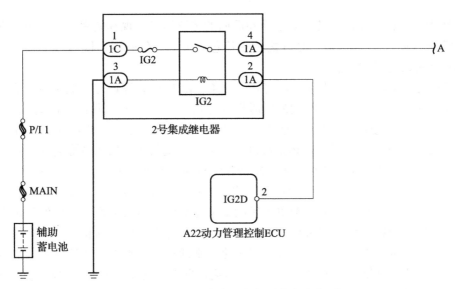

图 12-24　直接点火系统（DIS）电路（一）

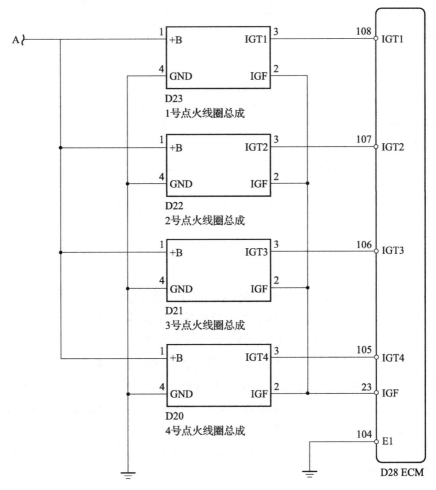

图 12-25　直接点火系统（DIS）电路（二）

十三　催化系统效率低于阈值（B1）

ECM 使用安装在三元催化转化器前面和后面的传感器来监视其效率。第一个传感器，即空燃比传感器，向 ECM 发送催化处理之前的信息。第二个传感器，即加热型氧传感器，向 ECM 发送催化处理之后的信息。

为检查三元催化转化器内出现的任何老化现象，ECM 会计算该三元催化转化器的储氧能力。这种计算在进行主动空燃比控制的同时根据加热型氧传感器的输出电压来进行。储氧能力值可以显示三元催化转化器的储氧能力。车辆暖机行驶时，主动空燃比控制执行 15~20s。执行时，ECM 会据此设定空燃比的稀浓程度。如果加热型氧传感器的波形周期变长，则储氧能力变大。三元催化转化器的加热型氧传感器和储氧能力有直接关系。

ECM 利用储氧能力值来确定三元催化转化器的状态。如果发生任何老化，则将点亮 MIL 并设定 DTC。该系统使用比后催化剂更灵敏的前催化剂储氧能力值作为典型值确定整个催化系统的恶化程度（包括前催化剂和后催化剂）。因此，有必要更换催化剂时，确保一起更换前催化剂和后催化剂。如果三元催化转化器老化，则即使在正常驾驶条件下（未执行主动空燃比控制），加热型氧传感器（位于三元催化转化器后面）的输出电压也频繁上下波动。

未执行主动空燃比控制时的电压输出如图 12-26 所示。

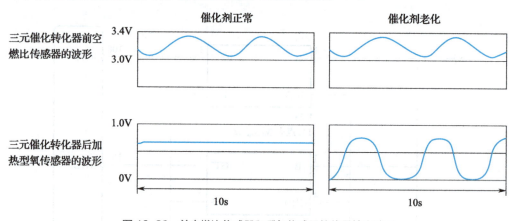

图 12-26　前空燃比传感器和后氧传感器的信号输出波形

十四　燃油蒸气排放控制系统清污控制阀

发动机暖机后，ECM 改变向清污控制阀（VSV）发送的占空比信号，以使碳氢化合物（HC）排放的进气量与所处状态（发动机负载、发动机转速、车速等）相适应。

燃油蒸气排放控制系统清污控制阀电路如图 12-27 所示。

▶ **诊断方法：** 使用智能检测仪进行主动测试（激活 EVAP 控制的 VSV）。

从 VSV 上断开炭罐侧真空软管，将智能检测仪连接到 DLC3，将电源开关置于 ON（IG）位置，并打开检测仪，将发动机置于检查模式（保养模式）。起动发动机进入以下菜单：Powertrain / Engine and ECT / Active Test / Activate the VSV for Evap Control，使用检测仪操作 VSV 时，检查空气是否被吸入端口内。检测仪操作 ON（VSV 打开）状态为吸气（图 12-28），OFF（VSV 关闭）状态不吸气。

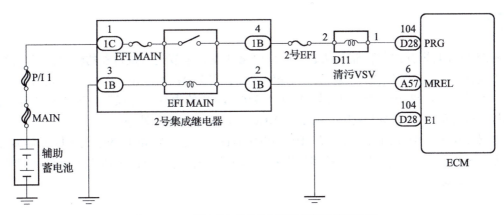

图 12-27 燃油蒸气排放控制系统清污控制阀电路

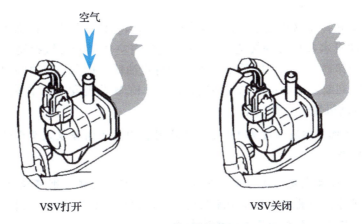

图 12-28 检测仪操作 VSV

十五 系统电压

即使将电源开关置于 OFF 位置,辅助蓄电池也向 ECM 供电。该电源可使 ECM 储存数据,如 DTC、定格数据和燃油修正值。如果辅助蓄电池电压降至最低值以下,则这些存储信息会被清除且 ECM 判定电源电路出现故障。发动机下次起动时,ECM 将点亮 MIL 并设定 DTC。

辅助蓄电池向 ECM 供电电路如图 12-29 所示。

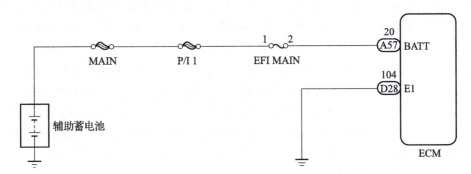

图 12-29 辅助蓄电池向 ECM 供电电路

十六 ECM

ECM 持续监视其内部存储器状态、内部电路和发送至节气门执行器的输出信号。这种自检可以确保 ECM 正常工作。如果检测到任何故障，则 ECM 设定相应 DTC 并点亮 MIL。

ECM 存储器状态由主微控制器（MCU）和副 MCU 的内部"镜像"功能进行诊断，以检测随机存取存储器（RAM）故障。这 2 个 MCU 也持续进行相互监视。

如果发生下列情况，ECM 将点亮 MIL 并设定 DTC：一是 2 个 MCU 的输出不同或偏离标准；二是发送至节气门执行器的信号偏离标准；三是节气门执行器电源电压出现故障；四是发现其他 ECM 故障。

十七 发动机水泵超速

ECM 根据发动机冷却液温度、发动机转速和车速信息计算所需的冷却液流量来控制发动机水泵总成。发动机水泵总成的转速由 ECM 发送的占空比信号无级控制。此控制提高了暖机性能并减少了冷却损失，从而降低了发动机的特定油耗。根据一定时间内的实际转速高于目标转速这一事实判断发动机水泵总成转速过高时，ECM 监视发动机水泵总成的转速并设定 DTC。（但是，发动机警告灯不点亮。）

▶ **提示**：发动机冷却液温度为 117℃或更高时，内置于组合仪表总成的发动机冷却液温度指示灯点亮或闪烁。

▶ **诊断方法**：如果在发动机冷却液不足时持续运行发动机，则可能存储 DTC P148F。车辆送入修理车间时，如果发动机冷却液足量且再次出现 DTC P148F，则应确认在发动机冷却液不足时行驶车辆后是否添加了发动机冷却液。

使用智能检测仪读取定格数据。存储 DTC 时，ECM 将车辆和驾驶状况信息记录为定格数据。进行故障排除时，定格数据有助于确定故障出现时车辆是运行还是停止，发动机是暖机还是未暖机，空燃比是稀还是浓以及其他信息。

十八 节气门执行器控制系统

▶ **提示**：电子节气门控制系统（ETCS）不使用节气门拉索。ECM 控制节气门执行器，节气门执行器通过齿轮来打开和关闭节气门。节气门位置传感器安装在节气门体总成上，用来检测节气门开度。节气门位置传感器将反馈信息发送到 ECM。通过这些反馈信息，ECM 可以在响应驾驶人输入时正确控制节气门执行器和监视节气门开度。

失效保护：存储了关于节气门执行器 DTC 中的任一个，或者与电子节气门控制系统故障有关的其他 DTC 时，ECM 进入失效保护模式。在失效保护模式下，ECM 切断流向节气门执行器的电流，并且节气门在回位弹簧的作用下返回到 5.5°节气门开度。ECM 停止发动机且仅可使用混合动力系统行驶车辆。如果平稳而缓慢地踩下加速踏板，则车辆会缓慢行驶。

失效保护模式持续运行，直至检测到通过条件且将电源开关置于 OFF 位置。

电子节气门控制系统电路如图 12-30 所示。

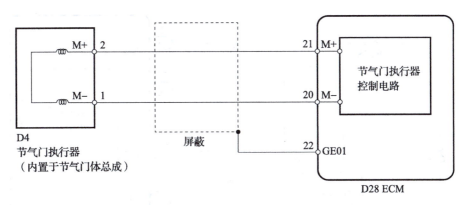

图 12-30 电子节气门控制系统（ETCS）电路

十九 节气门执行器电流范围性能

电子节气门控制系统有一个专用的电源电路。监视电压（+BM）过低（低于 4 V）时，ECM 判定电子节气门控制系统有故障并切断流向节气门执行器的电流。电压不稳时，电子节气门控制系统也变得不稳。因此，电压低时，流向节气门执行器的电流被切断。如果维修后系统恢复正常，则将电源开关置于 OFF 位置，然后 ECM 允许电流流向节气门执行器，从而使执行器可以重新启动。

电子节气门控制系统（ETCS）原理如图 12-31 所示。

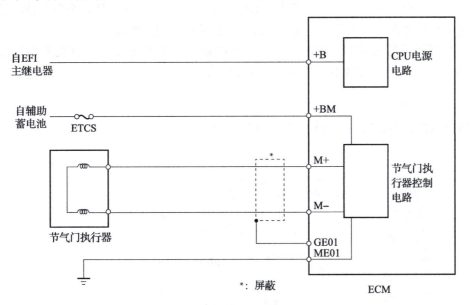

图 12-31 电子节气门控制系统（ETCS）原理

电子节气门控制系统（ETCS）电路如图 12-32 所示。

二十 宽带型氧传感器

宽带型氧传感器是平面型的（图 12-33），与用来加热固体电解质（氧化锆元件）的加热器集成为一体。此加热器由 ECM 控制。进气量偏小（废气温度偏低）时，电流流向加热器以

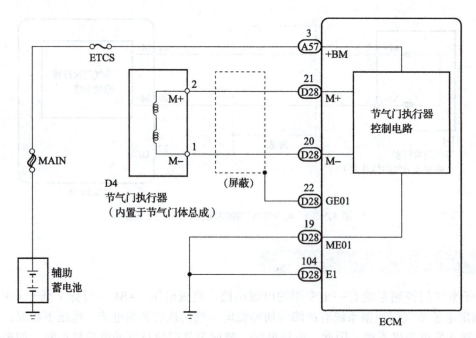

图 12-32 电子节气门控制系统（ETCS）电路

加热传感器，从而便于准确检测氧浓度。此外，与常规型相比，此传感器和加热器部分较窄。加热器产生的热量通过氧化铝传导至固体电解质，从而加速了传感器的激活。三元催化转化器用于将一氧化碳（CO）、碳氢化合物（HC）和氮氧化物（NO_x）转化为危害较小的物质。为使三元催化转化器有效工作，应使发动机空燃比接近理论空燃比。

宽带型氧传感器采用电流输出元件，电流在 ECM 内转换成电压。在宽带型氧传感器或 ECM 连接器上测量电压时将始终显示恒定的电压值。

1. 结构和信号

宽带型氧传感器结构和信号输出如图 12-33 所示。

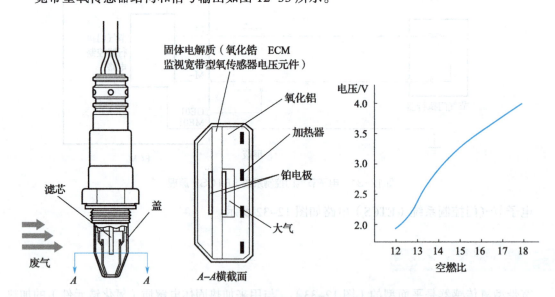

图 12-33 宽带型氧传感器结构和信号输出

2. 电路图

宽带型氧传感器电路原理如图 12-34 所示。

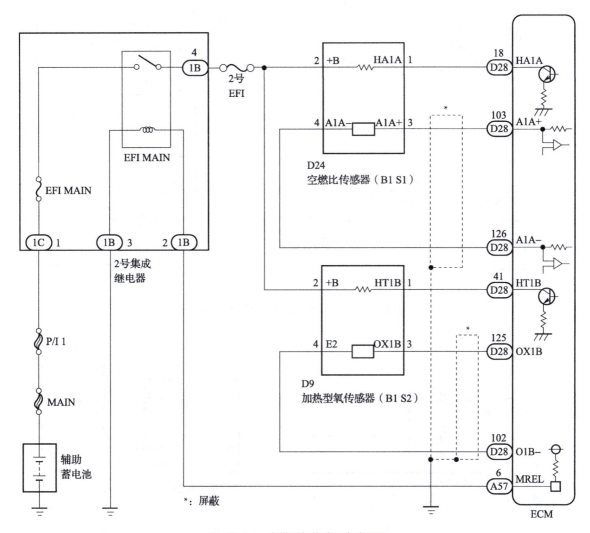

图 12-34 宽带型氧传感器电路原理

二十一 ECM 内部发动机关闭计时器性能

供电延时关闭计时器在将电源开关置于 OFF 位置后工作（图 12-35）。将电源开关置于 OFF 位置一段时间后，供电延时关闭计时器激活 ECM 以执行仅在发动机停止后可执行的故障检查。供电延时关闭计时器内置于 ECM。

二十二 发动机水泵

ECM 根据发动机冷却液温度、发动机转速和车速信息计算所需的冷却液流量来控制发动机水泵总成。发动机水泵总成的转速由 ECM 发送的占空比信号无级控制。此控制提高了暖机性能并减少了冷却损失，从而降低了发动机的特定油耗。

发动机水泵总成电路如图 12-36 所示。

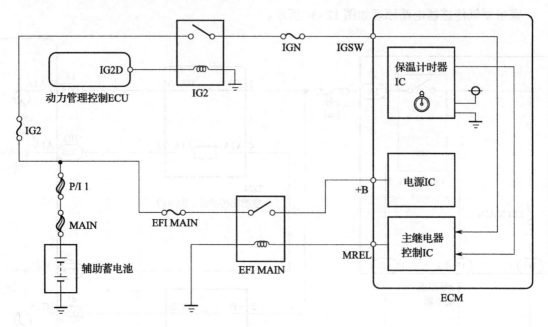

图 12-35　ECM 内部发动机关闭计时器性能

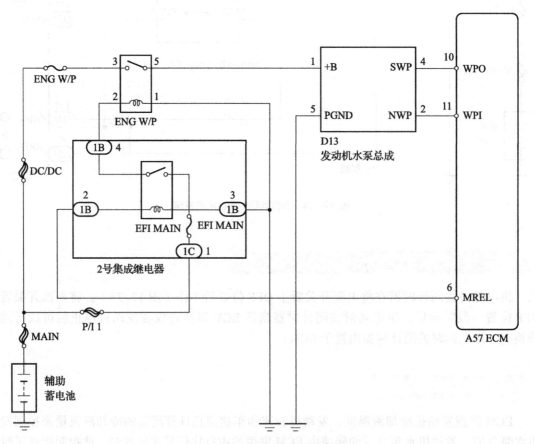

图 12-36　发动机水泵总成电路

二十三 可变气门正时系统诊断

可变气门正时（VVT）系统调节进气门正时以提高操纵性能。发动机机油压力转动 VVT 控制器以调节气门正时（图 12-37）。凸轮轴正时机油控制阀总成是一个电磁阀并可切换发动机机油管路。ECM 将 12 V 电压施加到电磁阀上时该阀移动。ECM 根据凸轮轴位置、曲轴位置、节气门位置等改变电磁阀（占空比）的励磁时间。

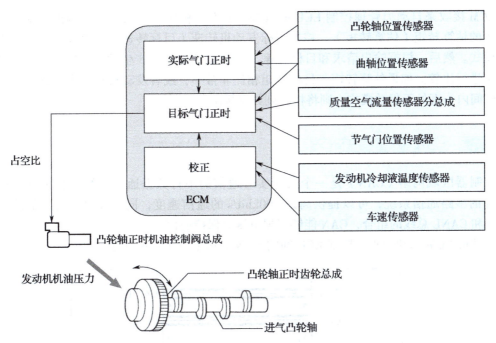

图 12-37　5ZR-FXE 发动机可变气门正时控制系统组成

5ZR-FXE 发动机可变气门正时控制执行器如图 12-38 所示。

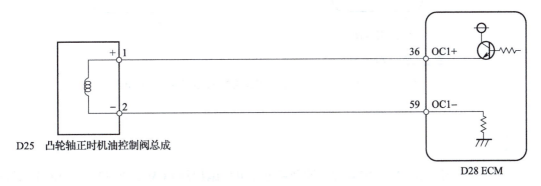

图 12-38　5ZR-FXE 发动机可变气门正时控制执行器

> **诊断方法**：存储 DTC 时，ECM 将车辆和驾驶状况信息记录为定格数据。定格数据有助于确定故障出现时车辆是运行还是停止，发动机是暖机还是未暖机，空燃比是稀还是浓以及其他信息。

发动机机油中的异物卡在系统的某些零件上时，可能会存储 DTC P0011 或 P0012。即使系统短时间后恢复正常，DTC 的存储仍保持不变。

ECM 利用 VVT 系统使气门正时达到最佳以控制进气凸轮轴。VVT 系统包括 ECM、凸轮轴正时机油控制阀总成和 VVT 控制器（凸轮轴正时齿轮总成）。ECM 向凸轮轴正时机油控制阀总成发送目标占空比控制信号。该控制信号调节供给 VVT 控制器的机油压力。VVT 控制器可提前或延迟进气凸轮轴。

二十四 发动机动力不足、发动机不起动、燃油耗尽

ECM 接收来自动力管理控制 ECU 的数据，如发动机所需输出功率（输出请求）、发动机产生的估算转矩（估算转矩）、控制目标发动机转速（目标转速），以及发动机是否处于起动模式。然后，根据输出请求和目标转速，ECM 计算发动机产生的目标转矩，并将其与估算转矩进行比较。如果估算转矩与目标转矩相比非常小，或者发动机在根据冷却液温度计算出的时间内一直处于起动模式，则将检测到异常情况。

二十五 与 HV ECU 失去通信

控制器区域网络（CAN）是一个用于实时通信的串行数据通信系统。它是专为车上使用设计的多路通信系统，可以提供高达 500kbit/s 的通信速度，同时还可以检测故障。通过 CANH 和 CANL 总线的组合，CAN 能够根据电压差保持通信。

发动机 ECM 和动力管理控制 ECU 间的 CAN 通信如图 12-39 所示。

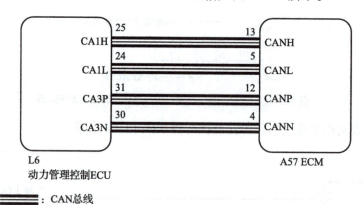

图 12-39　发动机 ECM 和动力管理控制 ECU 间的 CAN 通信

二十六 ECM 电源电路

电源开关置于 ON（IG）位置时，辅助蓄电池电压施加到 ECM 的 IGSW 上。ECM 的端子 MREL 输出信号使电流流向线圈，闭合 2 号集成继电器（EFI 主继电器）触点并向 ECM 的端子 +B 和 +B2 供电。

ECM 电源电路如图 12-40 所示。

项目十二　米勒发动机控制及故障诊断

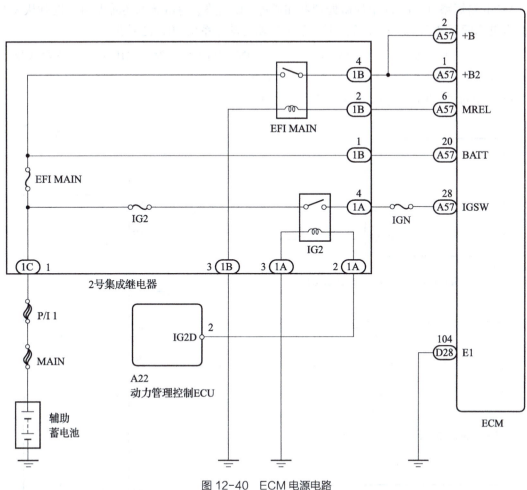

图 12-40　ECM 电源电路

二十七　VC 输出电路

ECM 持续将 5V 辅助蓄电池电压供给端子 +B（BATT）以操作微处理器。ECM 同时通过 VC 输出电路将该电源供应到传感器（图 12-41）。

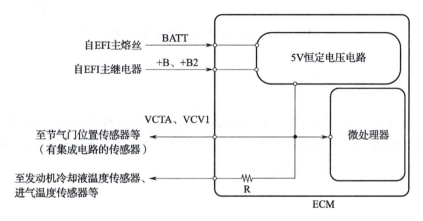

图 12-41　ECM 电源 5V 恒压电路

VC 电路短路时，ECM 中的微处理器和通过 VC 电路获得电源的传感器由于没有从 VC 电路获得电源而不能激活。在此条件下，系统不能起动且系统 MIL 也不点亮。

➤ 提示：正常状态下，电源开关首次置于 ON（IG）位置时，MIL 点亮并持续数秒。将电源开关置于 ON（READY）位置时，MIL 熄灭。

ECM 电源 5V 供电传感器电路如图 12-42 所示。

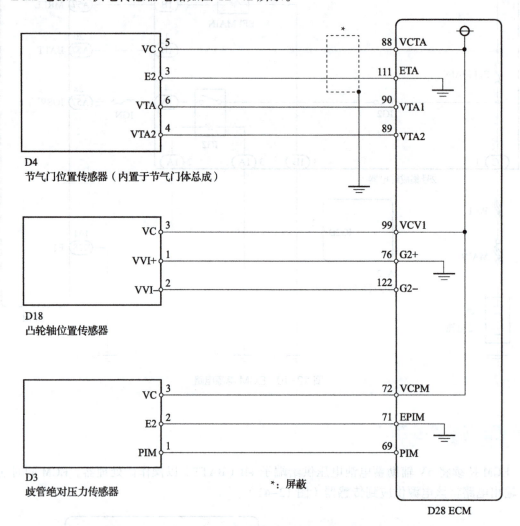

图 12-42　ECM 电源 5V 供电传感器电路

二十八　燃油泵控制电路

NE 信号输入 ECM 时（图 12-43），Tr 接通，电流流向电路断路继电器线圈，继电器开关接通，向燃油泵供电，使燃油泵工作。产生 NE 信号（发动机运转）时，ECM 将保持 Tr 接通（电路断路继电器接通），使燃油泵保持工作。

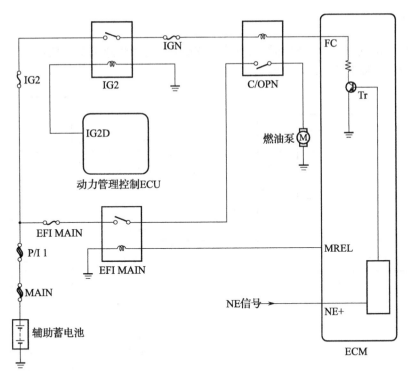

图 12-43 燃油泵控制信号

燃油泵控制电路如图 12-44 所示。

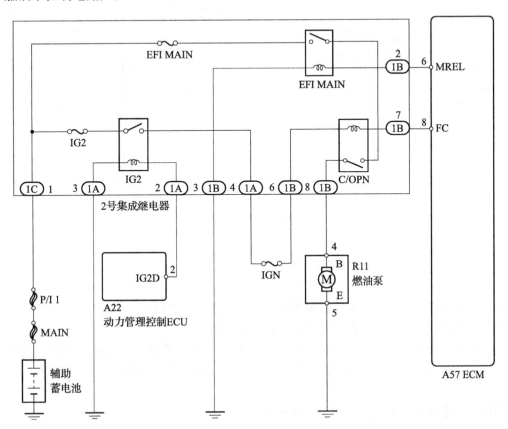

图 12-44 燃油泵控制电路

二十九　喷油器电路

喷油器位于进气歧管上。喷油器根据来自 ECM 的信号将燃油喷入气缸内。
喷油器控制电路如图 12-45 所示。

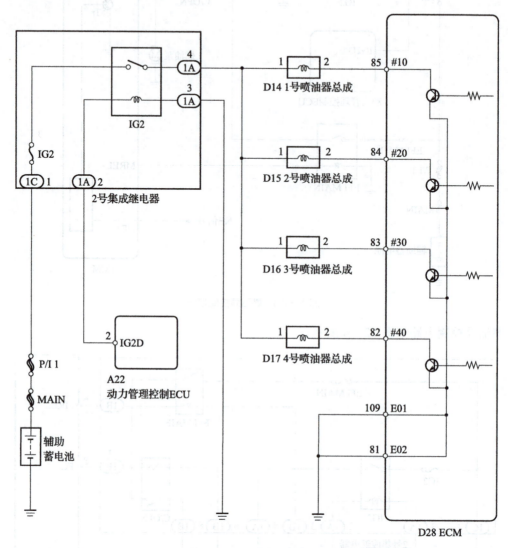

图 12-45　喷油器控制电路

三十　MIL 电路

MIL（故障指示灯）用于指示 ECM 检测到的车辆故障。将电源开关置于 ON（IG）位置时，向 MIL 电路供电，并且 ECM 提供电路搭铁以点亮 MIL。

可目视检查 MIL 工作情况：将电源开关置于 ON（IG）位置时，MIL 应点亮，将电源开关置于 ON（READY）位置时熄灭。如果 MIL 一直亮或不亮，则使用智能检测仪执行故障排除程序。

MIL（故障指示灯）电路如图 12-46 所示。

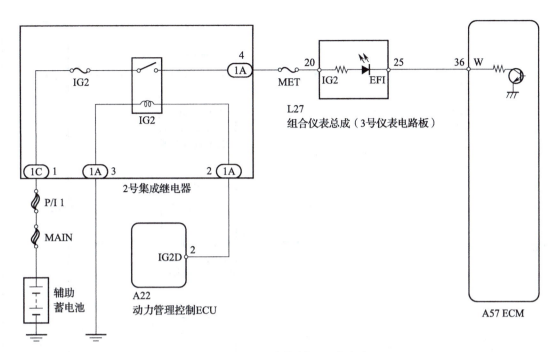

图 12-46 MIL（故障指示灯）电路

三十一 点火系统

点火系统零件位置如图 12-47 所示。

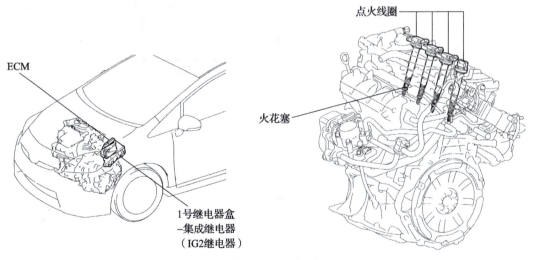

图 12-47 点火系统零件位置

点火系统电路如图 12-48 所示。

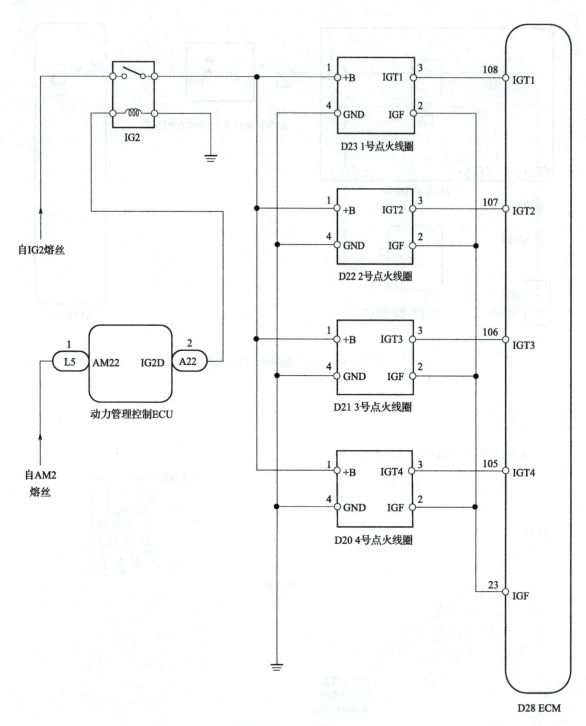

图 12-48 点火系统电路

三十二 继电器控制

集成继电器控制（图 12-49）位于熔丝和继电器盒内，不易找到。集成继电器由四个继电器组成，分别是 IG2（电源管理 IG2 号继电器）、BATT FAN（高压电池鼓风机继电器）、EFI MAIN（电控燃油喷射系统主继电器）、C/OPN（油泵开路继电器，即油泵继电器）。

项目十二 米勒发动机控制及故障诊断

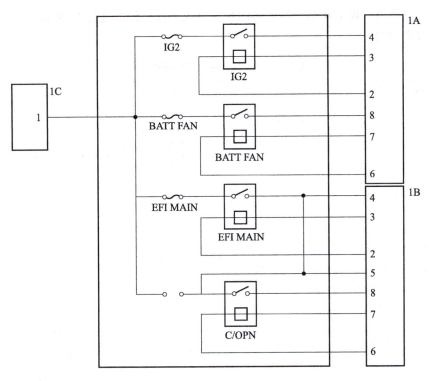

图 12-49 集成继电器控制

任务四 米勒发动机故障诊断

一 ECM 端子识别

图 12-50 所示为 ECM 端子位置识别。

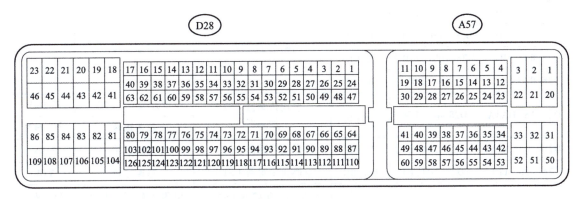

图 12-50 ECM 端子位置识别

二 ECM 端子之间的标准电压

表 12-2 列出了每对 ECM 端子之间的标准电压，同时还列出了每对端子的相应检查测量

条件。将检查结果与"规定状态"栏所示的标准电压进行比较。进行 ECM 端子之间的标准电压测量是非常重要的。

表 12-2　ECM 端子之间的标准电压

端子编号（符号）	配线颜色	端子描述	测量条件	规定状态
A57-20（BATT）—D28-104（E1）	R-BR	辅助蓄电池（测量辅助蓄电池电压和ECM存储器）	始终	11~16 V
A57-2（+B）—D28-104（E1）	B-BR	ECM 电源	电源开关 ON（IG）	11~14 V
A57-1（+B2）—D28-104（E1）	B-BR	ECM 电源	电源开关 ON（IG）	11~14 V
A57-3（+BM）—D28-104（E1）	GR-BR	节气门执行器电源	始终	11~16 V
D28-108（IGT1）—D28-104（E1）	P-BR	点火线圈总成（点火信号）	急速运转	产生脉冲
D28-107（IGT2）—D28-104（E1）	G-BR	点火线圈总成（点火信号）	急速运转	产生脉冲
D28-106（IGT3）—D28-104（E1）	P-BR	点火线圈总成（点火信号）	急速运转	产生脉冲
D28-105（IGT4）—D28-104（E1）	Y-BR	点火线圈总成（点火信号）	急速运转	产生脉冲
D28-23（IGF）—D28-104（E1）	L-BR	点火线圈总成（点火确认信号）	电源开关 ON（IG）	4.5~5.5V
D28-23（IGF）—D28-104（E1）	L-BR	点火线圈总成（点火确认信号）	急速运转	产生脉冲
D28-74（NE+）—D28-120（NE-）	B-W	曲轴位置传感器	发动机暖机时急速运转	产生脉冲
D28-76（G2+）—D28-122（G2-）	B-W	凸轮轴位置传感器	发动机暖机时急速运转	产生脉冲
D28-85（#10）—D28-109（E01）	Y-BR	喷油器总成	电源开关 ON（IG）	11~14 V
D28-84（#20）—D28-109（E01）	B-BR	喷油器总成	电源开关 ON（IG）	11~14 V
D28-83（#30）—D28-109（E01）	L-BR	喷油器总成	电源开关 ON（IG）	11~14V
D28-82（#40）—D28-109（E01）	R-BR	喷油器总成	电源开关 ON（IG）	11~14 V
D28-85（#10）—D28-109（E01）	Y-BR	喷油器总成	急速运转	产生脉冲
D28-84（#20）—D28-109（E01）	B-BR	喷油器总成	急速运转	产生脉冲
D28-83（#30）—D28-109（E01）	L-BR	喷油器总成	急速运转	产生脉冲
D28-82（#O）—D28-109（E01）	R-BR	喷油器总成	急速运转	产生脉冲
D28-18（HA1A）—D28-46（E04）	G-BR	空燃比传感器（S1）加热器	电源开关 ON（IG）	至 14 V
D28-18（HA1A）—D28-46（E04）	G-BR	空燃比传感器（S1）加热器	急速运转	产生脉冲
D28-103（A1A+）—D28-104（E1）	Y-BR	空燃比传感器（S1）	急速运转	3.3 V
D28-126（A1A-）—D28-104（E1）	BR-BR	空燃比传感器（S1）	急速运转	3.0V
D28-41（HT1 B）—D28-86（E03）	BR-BR	加热型氧传感器（S2）加热器	电源开关 ON（IG）	11~14 V
D28-41（HT1 B）—D28-86（E03）	BR-BR	加热型氧传感器（S2）加热器	急速运转	低于 3.0V
D28-125（OX1 B）—D28-102（01B-）	L-P	加热型氧传感器（S2）	发动机暖机后，保持发动机转速 2500 r/min 2min	产生脉冲

（续）

端子编号（符号）	配线颜色	端子描述	测量条件	规定状态
D28-87（KNK1）—D28-110（EKNK）	B-W	爆燃控制传感器	发动机暖机后，保持发动机转速 2500 r/min	产生脉冲
D28-64（THW）—D28-65（ETHW）	P-BR	发动机冷却液温度传感器	急速运转，发动机冷却液温度 80℃	0.2~1.0V
D28-116（THA）—D28-93（ETHA）	P-BR	进气温度传感器（内置于质量空气流量传感器分总成）	急速运转，进气温度 20℃	0.5~3.4V
D28-94（VG）—D28-117（E2G）	B-W	质量空气流量传感器分总成	急速运转，变速杆置于N，空调开关关闭	0.5~3.0V
A57-36（W）—D28-104（E1）	LG-BR	MIL	电源开关ON（IG）（MIL熄灭）	低于 3.0V
			电源开关ON（READY）	11~14 V
D28-90（VTA1）—D28-111（ETA）	Y-G	节气门位置传感器（发动机控制）	电源开关ON（IG），完全松开加速踏板（节气门全关）	0.5~1.1 V
D28-89（VTA2）—D28-111（ETA）	B-G	节气门位置传感器（传感器故障检测）	电源开关ON（IG），完全松开加速踏板（节气门全关）	2.1~3.1 V
D28-88（VCTA）—D28-111（ETA）	R-G	节气门位置传感器电源（规定电压）	电源开关ON（IG）	4.5~5.5V
D28-21（M+）—D28-19（ME01）	L-BR	节气门执行器	发动机暖机时急速运转	产生脉冲
D28-20（M-）—D28-19（ME01）	P-BR	节气门执行器	发动机暖机时急速运转	产生脉冲
D28-28（PRG）—D28-104（E1）	V-BR	VSV	电源开关ON（IG）	11~14 V
			急速运转，清污控制下	产生脉冲
A57-8（FC）—D28-104（E1）	R-BR	燃油泵控制	电源开关ON（IG）	11~14 V
			急速运转	低于 1.5 V
A57-26（TACH）—D28-104（E1）	Y-BR	发动机转速	急速运转	产生脉冲
A57-7（TC）—D28-104（E1）	P-BR	DLC3端子TC	电源开关ON（IG）	11~14 V
D28-36（OC1+）—D28-59（OC1-）	G-Y	凸轮轴正时机油控制阀总成	急速运转	产生脉冲
A57-13（CANH）—D28-104（E1）	P-BR	CAN通信线路	发动机停止且电源开关ON（IG）	产生脉冲
A57-5（CANL）—D28-104（E1）	V-BR	CAN通信线路	发动机停止且电源开关ON（IG）	产生脉冲

（续）

端子编号（符号）	配线颜色	端子描述	测量条件	规定状态
A57-12（CANP）—D28-104（E1）	B-BR	CAN通信线路	发动机停止且电源开关ON（IG）	产生脉冲
A57-4（CANN）—D28-104（E1）	W-BR	CAN通信线路	发动机停止且电源开关ON（IG）	产生脉冲
A57-28（IGSW）—D28-104（E1）	W-BR	电源开关	电源开关ON（IG）	11~14 V
A57-6（MREL）—D28-104（E1）	G-BR	EFI主继电器	电源开关ON（IG）	11~14 V
D28-99（VCV1）—D28-104（E1）	R-BR	凸轮轴位置传感器电源	电源开关ON（IG）	4.5~5.5V
A57-10（WPO）—D28-104（E1）	L-BR	发动机水泵总成	发动机暖机时急速运转	产生脉冲
A57-11（WPI）—D28-104（E1）	G-BR	发动机水泵总成	发动机暖机时急速运转	产生脉冲
D28-72（VCPM）—D28-71（EPIM）	L-Y	歧管绝对压力传感器总成	电源开关ON（IG）	4.5~5.5V
D28-69（PIM）—D28-71（EPIM）	B-Y	歧管绝对压力传感器总成	电源开关ON（IG）	3.0~5.0V
D28-48（G20）—D28-104（E1）	Y-BR	凸轮轴位置信号	急速运转	产生脉冲
A57-22（FANH）—D28-104（E1）	LG-BR	冷却风扇继电器	电源开关ON（IG）	11~14 V
A57-21（FANL）—D28-104（E1）	L-BR	冷却风扇继电器	电源开关ON（IG）	11~14 V
A57-46（PWMS）—D28-104（E1）	G-BR	动力模式开关	电源开关ON（IG），动力模式开关关闭	11~14 V
			电源开关ON（IG），动力模式开关打开	0~1.5 V
D28-104（E1）—车身搭铁	BR-车身搭铁	搭铁	始终	小于1Ω
D28-109（E01）—车身搭铁	BR-车身搭铁	搭铁	始终	小于1Ω
D28-81（E02）—车身搭铁	VB-车身搭铁	搭铁	始终	小于1Ω
D28-86（E03）—车身搭铁	BR-车身搭铁	搭铁	始终	小于1Ω
D28-46（E04）—车身搭铁	BR-车身搭铁	搭铁	始终	小于1Ω
A57-32（EC）—车身搭铁	WB-车身搭铁	搭铁	始终	小于1Ω
D28-22（GE01）—D28-104（E1）	WB-BR	节气门执行器的屏蔽接地（搭铁）电路	始终	低于1 V

任务五 米勒发动机系统示波诊断

一 点火触发和反馈波形

ECM 端子电压恒定，与传感器的输出电压无关。点火线圈 IGT 信号（自 ECM 至点火线圈总成）和点火线圈 IGF 信号（自点火线圈总成至 ECM）如图 12-51 所示。提示：高脉冲持续时间随发动机转速的增加而变短。

▶ 提示：如图 12-51 所示怠速运转时，IGT（1 至 4）和 E1 之间、IGF 和 E1 之间为 2V/格，20ms/格。

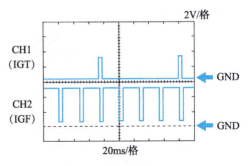

图 12-51 点火触发和反馈波形

二 曲轴位置传感器信号

▶ 提示：如图 12-52 所示，NE+ 和 NE- 之间为 5V/格，20ms/格，发动机暖机怠速运转时，波长随发动机转速的增加而变短。

▶ 提示：发动机暖机时，如图 12-53 所示，示波器设定为 5 V/格，20ms/格，测量点 G2+ 和 G2 之间怠速运转波长随发动机转速的增加而变短。

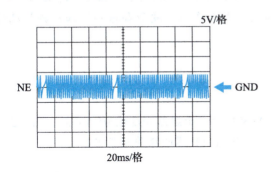

图 12-52 曲轴位置传感器信号（一）

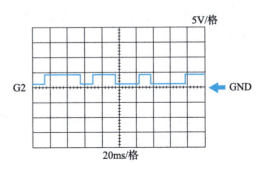

图 12-53 曲轴位置传感器信号（二）

三 （1号至4号）喷油器信号

▶ 提示：怠速运转，如图 12-54 所示，示波器设置为 20 V/格，20 ms/格，测量点（#10 至 #40）和 E01 之间，波长随发动机转速的增加而变短。

四 空燃比传感器（S1）加热器信号

▶ 提示：怠速运转，如图 12-55 所示，HA1A 和 E04 之间为 5V/格，10 ms/格，波长随发动机工作状态的变化而变化。

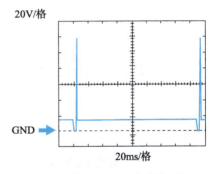

图 12-54 （1号至4号）喷油器信号

五 加热型氧传感器（S2）信号

> 提示：发动机暖机后，保持发动机转速 2500 r/min 2min，OX1B 和 01B 之间，如图 12-56 所示，为 0.2V/格，200ms/格。在数据表中，项目 02S B1S2 显示从加热型氧传感器输入至 ECM 的值。

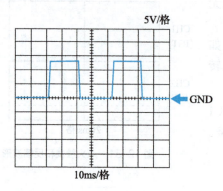

图 12-55　空燃比传感器（S1）加热器信号

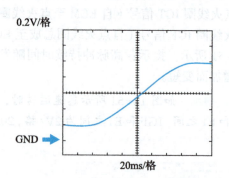

图 12-56　加热型氧传感器（S2）信号

六 爆燃控制传感器信号

> 提示：KNK1 和 EKNK 之间，如图 12-57 所示，为 1 V/格，1 ms/格，发动机暖机后，保持发动机转速 2500r/min，波长随发动机转速的增加而变短。波形和振幅根据车辆状况稍有差别。

七 节气门执行器正极信号

> 提示：ECM 端子 M+ 和 ME01 之间，如图 12-58 所示，示波器分度值为 5 V/格，1ms/格，测量条件是发动机暖机时怠速运转，波形占空比随节气门执行器的操作而变化。

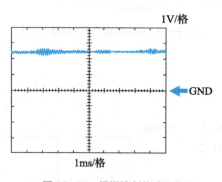

图 12-57　爆燃控制传感器信号

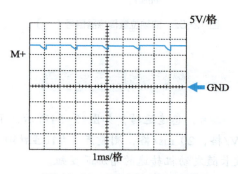

图 12-58　节气门执行器正极信号

八 节气门执行器负极信号

> 提示：测量 ECM 端子 M 和 ME01 之间，如图 12-59 所示，示波器设定为 5 V/格，1 ms/格。测量条件为发动机暖机时怠速运转，波形占空比随节气门执行器的操作而变化。

九 清污真空阀（VSV）信号

> **提示**：测量ECM端子PRG和E1之间，如图12-60所示，示波器设定为10V/格，20 ms/格。测量条件为怠速运转，清污控制下如果波形与图12-60不相似，则怠速运转10min或更长时间后再次检查波形。

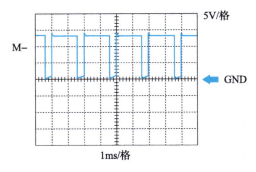

图12-59 节气门执行器负极信号

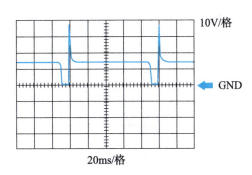

图12-60 清污真空阀（VSV）信号

十 发动机转速信号

> **提示**：测量ECM端子TACH和E1之间，如图12-61所示，波器设定为5V/格，10 ms/格。测量条件为怠速运转，波长随发动机转速的增加而变短。

十一 凸轮轴正时控制阀信号

> **提示**：测量ECM端子OC14-和OC1之间，如图12-62所示，示波器设定为5 V/格，1 ms/格。测量条件为怠速运转。

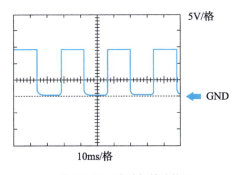

图12-61 发动机转速信号

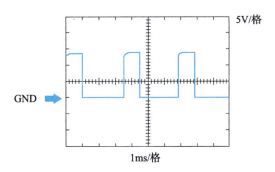

图12-62 凸轮轴正时控制阀信号

十二 CAN通信信号（参考）

> **提示**：测量ECM端子CANH和E1、CANL和E1之间，如图12-63所示，示波器设定为1 V/格，10 ms/格。测量条件为发动机停止且电源开关ON（IG）。波形随CAN通信信号而变化。

十三 凸轮轴转速信号

凸轮轴转速信号自ECM传至至动力管理控制ECU和带转换器的逆变器总成（MG ECU）。

▶ **提示**：测量ECM端子G20和E1之间，如图12-64所示，示波器设定为5 V/格，20ms/格。测量条件为怠速运转。波长随发动机转速的增加而变短。

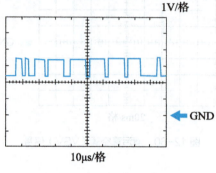

图 12-63　CAN 通信信号（参考）

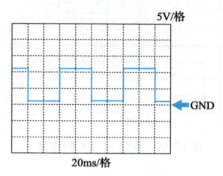

图 12-64　凸轮轴转速信号

项目十三
DC/DC 变换器控制与故障诊断

➡ 情境引入

小林遇到丰田普锐斯混合动力汽车行李舱 12V 铅酸蓄电池亏电，在外边修理部更换了一块全新的 12V 蓄电池，可不到一天，车辆 12V 铅酸蓄电池就再次亏电。

假如你是车间的小林同学，你知道要解决这个问题，需要用到哪些知识吗？

➡ 学习目标

1. 说出升压 DC/DC 的工作原理。
2. 操作诊断仪对升压 DC/DC 变换器进行诊断。
3. 说出降压 DC/DC 的工作原理。
4. 操作诊断仪对降压 DC/DC 变换器进行诊断。
5. 仅用万用表对降压 DC/DC 变换器进行诊断。

任务一　增压 DC/DC 变换器故障诊断与检修

增压转换器将 HV 蓄电池的 201.6 V 直流电增压至最大值约为 650 V 的直流电。逆变器将增压转换器增压后的电压转换为用于驱动 MG1 和 MG2 的交流电。电动机发电机作为发电机工作时，产生的交流电通过逆变器转换为直流电。增压转换器将该电压降至大约 201.6 V 的直流电以对 HV 蓄电池充电。

DC/DC 升压原理（图 13-1）：MG ECU 使用内置于增压转换器的电压传感器（VL）检测增压前的电压。它也使用内置于逆变器的电压传感器（VH）检测增压后的电压。根据增压前后的电压，MG ECU 控制增压转换器的工作，将电压增至目标电压。

MG ECU 也使用蓄电池智能单元检测 HV 蓄电池电压（VB）。

技师指导 使用智能检测仪，检查 HV 蓄电池电压和电流（图 13-2）。如果这些值不在图 13-2 所示范围内，则蓄电池智能单元有故障。

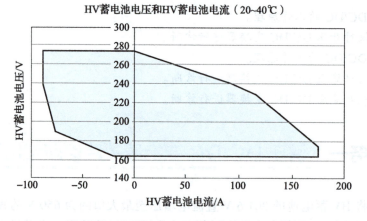

图 13-1 DC/DC 升压原理

图 13-2 HV 蓄电池电压（V）和电流（A）的关系

任务二　降压 DC/DC 变换器故障诊断与检修

一　DC/DC 变换器状态电路 NODD

混合动力车辆转换器（DC/DC 变换器）将 HV 蓄电池的 201.6 V 直流电转换为 12 V 的直流电，以对车辆照明、音响和 ECU 系统等部位供电。此外，还对辅助蓄电池充电。晶体管桥接电路先将 201.6 V 的直流电转换为交流电，并经变压器降压。然后，经整流和滤波转换为 12 V 的直流电。混合动力车辆转换器控制输出电压，以保持辅助蓄电池端子处的电压恒定。

动力管理控制 ECU 使用 NODD 信号线路向混合动力车辆转换器传输 DC/DC 转换停止、接收指示 12 V 充电系统正常或异常状态的信号。如果车辆行驶时混合动力车辆转换器不工作，则辅助蓄电池的电压将降低，这将阻止车辆继续运行。因此，动力管理控制 ECU 监视混合动力车辆转换器的工作情况,并在检测到故障时,警告驾驶人。

DC/DC 变换器状态控制总电路如图 13-3 所示。

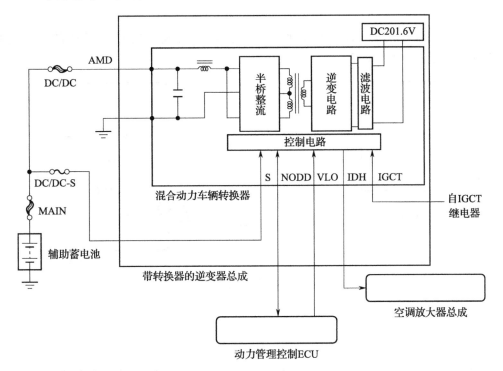

图 13-3 DC/DC 变换器状态控制总电路

DC/DC 变换器状态电路 NODD 如图 13-4 所示。

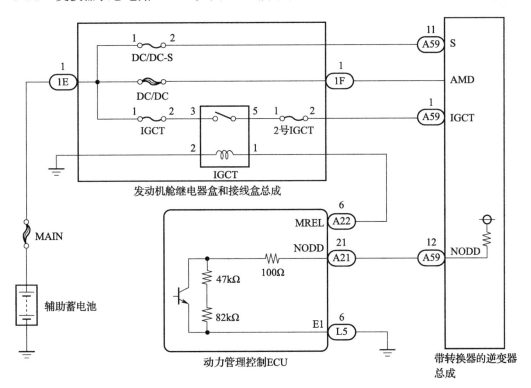

图 13-4 DC/DC 变换器状态电路 NODD

二 DC/DC 变换器状态电路 VLO

混合动力车辆转换器（DC/DC 变换器）根据动力管理控制 ECU 发送的占空比信号（图 13-5）控制输出电压（12V）。

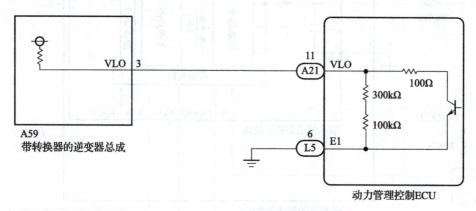

图 13-5　DC/DC 变换器状态电路 NODD

三 DC/DC 变换器状态电路 IDH

混合动力车辆转换器（DC/DC 变换器）通过 IDH 端子控制空调电加热器是否打开，即 DC/DC 变换器检测到自身工作异常，不能全力提供充电电流或目前蓄电池电压低时禁止空调加热器操作。

项目十四
线控换档控制及故障诊断

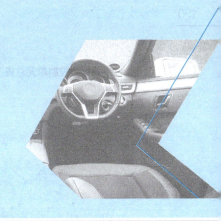

➡ 情境引入

在一次外出救援时,小林遇到停在楼底下的一辆丰田普锐斯混合动力汽车出现P位线控驻车无法解除的故障。假如你是车间的小林同学,你知道要解决这个问题,需要用到哪些知识呢?

➡ 学习目标

1. 说出什么是线控变速杆。
2. 说出线控变速杆的选档原理。
3. 说出线控变速杆的换档原理。
4. 说出线控换档模块快速故障判断方法。
5. 说出线控P位开关的工作原理。
6. 说出线控P位的工作过程。
7. 掌握解除线控P位对变速器齿轮的锁止。

任务一　了解选档和换档控制

一　变速杆传感器

1. 功能

换档锁止控制单元总成为瞬间型,驾驶人换档后松开变速杆时可通过弹簧反作用力回到其原始位置。变速杆(换档锁止控制单元总成)含有一个换档传感器和一个选档传感器,以检测变速杆位置(原始位置、R、N、D或B),如图14-1所示。由于换档传感器采用霍尔集成电路且选档传感器采用MR集成电路,因此能够以可靠的方式准确检测变速杆位置。两个传感器含有两条检测电路,一条主电路和一条副电路。

换档传感器将电压(根据变速杆的垂直移动在0~5V之间变化)输出至动力管理控制ECU。动力管理控制ECU将来自换档传感器的低位电压输入视为R位置,将中位电压视为原始位置或N位置并将高位电压视为D或B位置。

选档传感器将电压(根据变速杆的水平移动在0~5V之间变化)输出至动力管理控制ECU。动力管理控制ECU将来自选档传感器的低位电压输入视为原始位置或B位置,并将高位电压视为R、N或D位置。

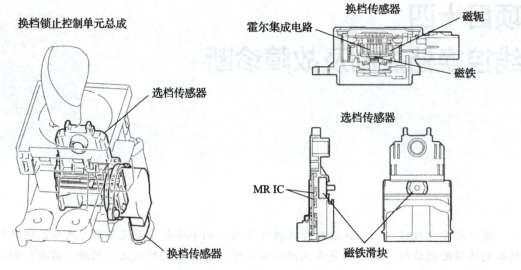

图 14-1 线控换档元件组成

根据来自换档传感器和选档传感器信号的组合，动力管理控制 ECU 判定变速杆的位置。

2. 电路原理

选档传感器和换档传感器的电路如图 14-2 所示。

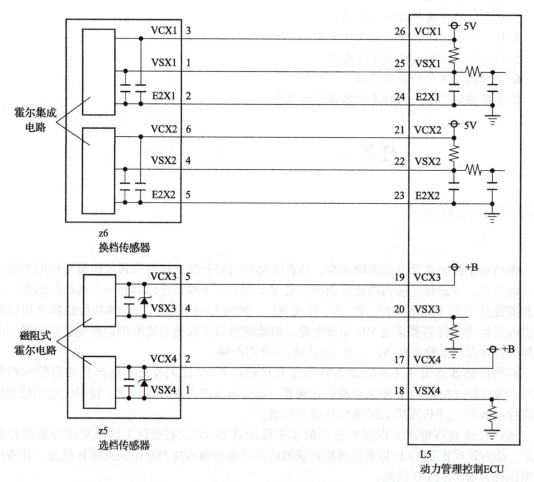

图 14-2 线控换档电路

技师指导 VC为控制单元向传感器提供的5V稳恒电源，VS是信号输出，E是搭铁，+B是12V供电源，X1是主传感器，X2是副传感器。MR IC是磁阻效应霍尔集成电路，利用磁阻效应工作。

霍尔集成电路如不特别指出，一般三线时为电压型，两线时为电流型。在三线电压型中，可知VS的信号电压高低取决于左侧霍尔集成电路内部有多大电流流向E，流过的电流越大，信号电压越低。从图14-2可知，两线电流型的负极线经采样电阻搭铁，负极线在这里也是信号线，线路中电流越大，信号电压越高。

二、线控换档信号

1. 线控选档

选档传感器为两线电流型，为保证可靠，采用冗余控制方式。如图14-3所示，原始位置为主档，线控变速杆的横向运动称为选档。图中H表示电压输出在2.9~4.3V，表示的档位是R、N、D档位；L表示电压输出在1.0~1.6V，表示的档位是主档和B档位。

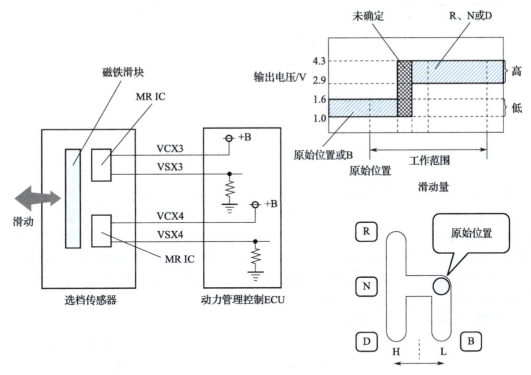

图14-3 线控选档原理

2. 线控换档原理

换档传感器为三线电压型，为保证可靠，采用冗余控制方式。如图14-4所示，原始位置为主档，线控变速杆的纵向运动称为换档。图中H表示电压输出在4.2~4.8V，表示的档位是D、B档位；M表示电压输出在0.8~4.2V，表示的档位是N、主档位；L表示电压输出在0.2~0.8V，表示的档位是R档位。

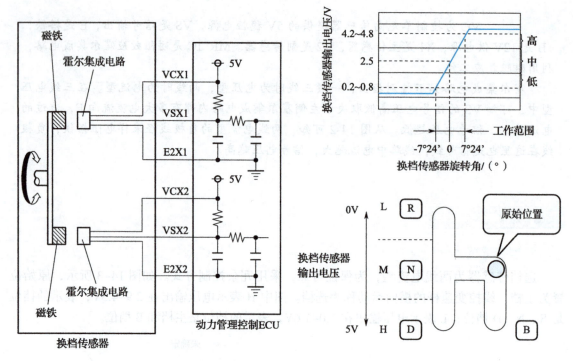

图 14-4　线控换档原理

任务二　了解驻车制动控制

一　驻车档（P位开关）

不再将驻车档作为常规变速杆的一个档位，而是在变速杆上方独立安装一个P位开关（变速器换档主开关），如图14-5所示。此开关为瞬时开关，置于其中的按钮不能机械锁止。P位开关（变速器换档主开关）包括电阻器R1和R2。未按下P位开关（变速器换档主开关）时，开关提供R1和R2的合成电阻；按下P位开关（变速器换档主开关）时，开关仅提供R1的电阻。动力管理控制ECU端子P1的电压随开关电阻的变化而变化。根据该电阻信号，动力管理控制ECU判定P位开关（变速器换档主开关）的操作情况。

驻车档开关电路如图14-5所示。

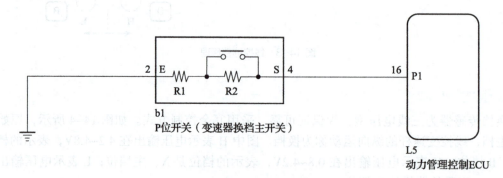

图 14-5　驻车档开关电路

二 换档控制模块

如图14-6所示,按下P位开关,P位开关向动力管理控制ECU提供一个接地信号,当接收到变速器换档主开关或变速杆换档锁止控制单元总成的信号时,动力管理控制ECU将P位置控制(PCON)信号传输至变速器控制ECU总成。基于此信号,变速器控制ECU总成驱动换档控制执行器总成机械锁止或解锁混合动力车辆传动桥总成的中间轴主动齿轮。

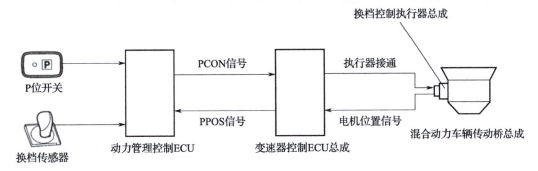

图 14-6　P位控制过程

如图14-7所示,变速器控制ECU将执行器总成的P位状态(接合或松开)作为P位(PPOS)信号发送至动力管理控制ECU。

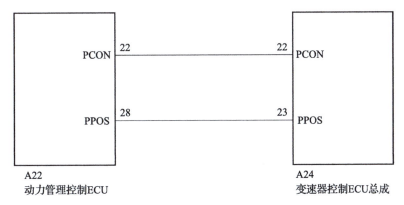

图 14-7　P位控制和反馈

技师指导　PCON为P位控制(Park Control)的缩写,PPOS是Park Position的缩写。

参考文献

[1] 赵振宁. 纯电动汽车构造原理与检修[M]. 北京：北京理工大学出版社，2018.
[2] 赵振宁. 混合动力汽车构造原理与检修[M]. 北京：北京理工大学出版社，2015.